GUYANE FRANÇAISE.

EXAMEN ET CRITIQUE

DU PROJET

DE MM. SAUVAGE, DE SAINT-QUANTIN, JULES LECHEVALIER ET FAVARD,

POUR L'EXPLOITATION

DE LA POPULATION ET DU TERRITOIRE DE CETTE COLONIE.

GUYANE FRANÇAISE.

EXAMEN ET CRITIQUE

DU PROJET

DE MM. SAUVAGE, DE SAINT-QUANTIN, JULES LECHEVALIER ET FAVARD,

POUR L'EXPLOITATION

De la Population et du Territoire de cette Colonie,

PAR

FÉLIX MILLIROUX.

PARIS

IMPRIMERIE DE H. FOURNIER ET Cᵉ,

RUE SAINT-BENOÎT, 7.

1846.

GUYANE FRANÇAISE.

EXAMEN ET CRITIQUE

DU

PROJET DE MM. SAUVAGE, DE SAINT-QUANTIN, JULES LECHEVALIER, ET FAVARD,

Pour l'exploitation de la Population et du Territoire de cette Colonie.

I.

ORIGINE DE LA COMPAGNIE DES COLONS DE LA GUYANE FRANÇAISE. MOTIFS DE CET ÉCRIT.

La part que le temps et les événements ont faite à la France dans la Guyane est grande et belle. Selon la lettre des traités, sa superficie ne serait pas moindre que dix-huit mille lieues carrées. Ses limites vulgaires en font encore la possession la plus étendue de la France, à l'exception de l'Algérie.

La Guyane a, depuis environ deux siècles, occupé en France des esprits d'une trempe bien différente, les spéculateurs et les contemplateurs. Les spéculateurs, pour qui tous moyens sont bons, connaissant la fertilité de cette terre, s'y sont assis n'importe où, ne lui demandant qu'une prompte fortune, et y ont implanté sans scrupule une institution maudite, l'esclavage des noirs. Les contemplateurs, frappés de l'aspect primitif de ce pays, de la multiplicité de ses cours d'eau, de la densité de ses forêts, du nombre infini d'essences de bois précieux dont elles se composent, de l'immense variété de substances utiles ou d'étude que peuvent fournir ses végétaux, et de sujets curieux qu'offre sa zoologie, frappés enfin du caractère, quelquefois redoutable, de ses phénomènes atmosphériques, ont presque toujours embrassé avec ferveur l'idée que là était un champ propre à exercer le pouvoir de la civilisation. Par l'effet d'une illusion ou peut-être d'une mystérieuse clairvoyance, ils ont pensé que tôt ou tard les populations surabondantes des anciens continents obéiraient dans l'ordre moral à la force inexpliquée qui, dans l'univers matériel, paraît s'exercer fatalement de l'est à l'ouest.

Des plans de colonisation furent conçus à diverses époques et quelquefois essayés. Aucun ne réussit, parce qu'il y entrait toujours, en proportion excessive, de la basse spéculation, que tout venait se dissoudre au contact de l'état anti-social établi dans cette possession, l'esclavage; et que, d'ailleurs, notre esprit national, ardent à lancer au monde une idée féconde, tombe souvent épuisé ou distrait avant de l'avoir conduite au but.

Malgré beaucoup d'essais infructueux, malgré les avertissements de l'expérience, nous sommes témoins, aujourd'hui, d'une nouvelle tentative de coloniser la Guyane en construisant sur cette base en décomposition, la servitude.

M. Jules Lechevalier, après avoir visité et étudié la Guyane française et les autres colonies intertropicales, publia, en 1841, l'avant-projet d'une vaste association qu'il proposait aux capitalistes de France et qui aurait eu pour objet, entre autres choses, de se faire céder la Guyane, terres, usines et esclaves, pour en continuer l'exploitation, pendant une longue suite d'années, sous la surveillance de l'État, en donnant pour prétexte à cette exploitation l'émancipation des esclaves, c'est-à-dire une transformation insignifiante qu'on aurait fait subir à cette classe de la population.

Ce projet, dans lequel était prodigué un luxe inouï de théorie et que son auteur, il faut en convenir, avait exposé avec un rare talent, ne trouva pas faveur auprès des capitalistes et fut abandonné.

M. Lechevalier ne se rebuta pas, et pensant, avec raison, qu'il fallait chercher des adhérents là où il y avait déjà un intérêt tout créé, il s'adressa aux colons de Cayenne et leur proposa de s'associer entre eux pour conduire l'entreprise à bonne fin (1). L'avant-projet subit quelques modifications de forme, et le blanc que les capitalistes de France n'avaient pas voulu remplir de leurs noms le fut de ceux de MM. Henri Sauvage et Adolphe de Saint-Quantin, tous deux possesseurs d'esclaves à Cayenne.

Ce nouveau projet fit son apparition dans le monde sous la forme d'un mémoire présenté, le 25 août 1843 à M. le Ministre de la marine et des colonies, et contenant communication d'une association projetée entre les colons de la Guyane française, ayant pour but de réaliser l'émancipation d'après un règlement de travail débattu entre le gouvernement et la Compagnie.

Ces propositions furent modifiées dans un autre mémoire, présenté au même Ministre le 30 décembre 1843, et cette fois l'auteur, qui s'était tenu momentanément à l'écart, apporta son adhésion formelle, qui fut accompagnée de celle de M. Favard, délégué des colons de la Guyane.

Une publication volumineuse intitulée *Organisation géné-*

______

(1) Voici ce qu'en 1841 cet écrivain pensait des planteurs de Cayenne : « Ils ne comprennent ni les causes de la décadence dont ils se plaignent, « ni les vices de l'ancien système de travail, ni des avantages du nou- « veau. » *Études et avant-projet, pièce n° 8 E, page 5.*

rale, et contenant le plan d'exploitation et le règlement de travail, accompagna ces propositions nouvelles et en fit un ensemble complet.

Jusqu'à quel point M. le Ministre de la marine et des colonies a prêté une oreille favorable à ces propositions, c'est ce qui n'est pas devenu public. Un sixième mémoire, du 2 avril 1844, portant le titre plein d'espérance *Opérations préliminaires*, nous apprend seulement que le Ministre sollicité de consentir à ce que l'évaluation des propriétés destinées à former l'apport des colons fût faite contradictoirement entre les intéressés et le gouvernement, aurait refusé d'accéder à cette demande. Le principal motif de ce refus aurait été que, si l'État intervenait dans cette opération, elle aurait le caractère d'un acte officiel et il y aurait lieu de craindre qu'elle ne jetât le trouble et l'incertitude dans l'esprit des colons ou bien qu'elle ne fît naître des espérances exagérées.

Depuis cette époque, 50,000 francs ont été affectés par la loi du 18 juillet 1845 aux dépenses d'évaluations des propriétés mobilières et immobilières de la Guyane française. M. le Ministre a-t-il renoncé à ses premiers scrupules, ou bien la responsabilité de l'État sera-t-elle suffisamment sauvegardée par le mode de dépense de cet argent? C'est encore un point appartenant au domaine des conjectures.

Il est à remarquer que les six mémoires de la Compagnie des colons portent la suscription exclusive *non publié*. Ainsi, lorsque s'agitent les destinées d'une des grandes possessions de la France et d'une population de plus de vingt mille individus, tout se passe dans l'ombre ou dans un jour douteux. Ces mémoires sont distribués à un petit nombre d'élus dont on redoute peu d'improbation, et les hommes spéciaux qui font de ces questions l'occupation de leur vie doivent au hasard ou bien à l'obligeance individuelle la possession momentanée de ces écrits importants.

C'est en cet état de choses que j'ai cru devoir attaquer dans son esprit et ses détails le projet d'association des colons, comme ne devant conduire ni à l'une ni à l'autre des deux fins qu'il affecte de se proposer, l'émancipatiou des esclaves et la colonisation du pays.

Si j'ai quelque droit à exercer ce contrôle , il dérive surtout de l'expérience que j'ai pu acquérir à la Guyane anglaise pendant la triple période de la servitude, du travail de transition à la liberté, et du régime bienfaisant de celle-ci.

A ceux qui me reprocheraient de combattre ce projet sans indiquer un équivalent, je me contenterai de répondre ceci : les trois Guyanes, française, hollandaise et anglaise, peuvent différer par des nuances de nationalité et de langage. Sous tous autres rapports, elles sont identiques. Même climat, même conformation topographique, et naguère même institution fondamentale. Tout ce qui s'est opéré dans la Guyane anglaise et en a fait, en peu d'années, la colonie prospère et importante qu'elle est aujourd'hui est possible dans les deux autres Guyanes, à une condition, une seule, mais une condition à laquelle il n'y a pas d'équivalent, l'abolition pure et simple de l'esclavage par l'initiative et sous la haute influence de l'État.

II.

LE BUT AVOUÉ DE LA COMPAGNIE N'EST PAS SON BUT RÉEL.

Les colons déclarent vouloir former une association ayant pour but de réaliser l'émancipation , d'après un règlement de travail débattu entre le gouvernement et la Compagnie (1).

On peut, sans crainte d'être démenti, faire observer que les colons de Cayenne ne se sont jamais montrés grands partisans de l'abolition de l'esclavage ; car le conseil colonial, leur organe naturel, appelé par M. le Ministre de la marine et des colonies, à délibérer sur les projets d'émancipation de la commission coloniale, s'exprimait ainsi dans sa séance du 19 janvier 1841 : « L'émancipation serait un « véritable suicide politique sans résultat, sans profit pour « les noirs, ruineux pour les colons et le commerce manu- « facturier et maritime de la métropole. — Il n'y a pas lieu « à proclamer l'abolition. »

Faut-il croire à une conversion subite à d'autres sentiments, et n'est-il pas probable au contraire que, voyant le système colonial menacé d'une réforme prochaine, les colons cherchent à détourner le coup, en s'emparant de la réforme pour la diriger dans le sens de la conservation de leurs intérêts ?

Rien n'est plus commun que d'entendre les planteurs dire qu'ils sont ruinés et que leur position n'est plus tenable. Cette doléance banale ne peut trouver créance qu'auprès des calculateurs méthodiques qui, ne connaissant pas l'esprit créole, jugent des dispositions de ces prétendus insolvables par les chiffres de leur bilan. Il y a dans l'industrie sucrière coloniale, qui repose sur le travail forcé, des ressources mystérieuses qu'on tient soigneusement dans l'ombre ; et d'ailleurs, un planteur n'est jamais ruiné, ou plutôt, quel que soit l'embarras de sa position, il ne se décide presque jamais à l'avouer et à faire à ses créanciers la cession de ce qu'il possède. On sait d'ailleurs que, grâce à

(1) **Page 136.**

l'impossibilité de l'expropriation, ces derniers n'ont pas en leur pouvoir de l'y contraindre.

Combien de colons obérés au point de ne pouvoir, au moyen des produits de l'habitation, payer même l'intérêt du capital qu'ils doivent, devenus par le fait et virtuellement les gérants de leurs créanciers, préfèrent cette situation humiliante à la démarche franche et courageuse qui y mettrait fin. C'est que l'habitation leur fournit une résidence, un mobilier, des domestiques, des chevaux, des vaches à lait, du fruit et du gibier. Le créancier auquel ces biens appartiennent est cependant forcé de les leur abandonner, et ceux-ci, laissés en possession, se contentent de ce semblant de propriété.

Ainsi lorsque les colons disent que le pays a intérêt à voir modifier immédiatement une situation devenue tout à fait intolérable, ils veulent évidemment faire servir ce qui est une vérité au point de vue général à couvrir une tactique d'intérêt particulier. Le pays sans doute a intérêt à un changement de régime, mais les colons croient avoir un intérêt contraire.

« La Guyane, disent-ils encore (1), voit sa faible popu-« lation décroître au lieu de se développer, et n'a plus la « ressource de la traite qui a peuplé les autres colonies. » Il est fâcheux en effet pour les colons que la traite n'existe plus. S'il en était autrement, ils s'en serviraient pour peupler la Guyane, la situation serait tolérable et ils n'en demanderaient pas le changement.

Comment lire l'expression de pareils regrets et croire que ceux de qui elle émane veulent de bonne foi voir l'esclavage aboli !

Vous voulez réaliser l'émancipation. Quand donc, s'il

(1) Page 15.

vous plaît, demain ou dans quinze ans, plus ou moins? Aujourd'hui, aujourd'hui même, répondent-ils. Lisez plutôt(1) : « A partir du jour de la constitution de la Compagnie la « qualification d'esclave sera abolie à la Guyane, etc. »

Il ne faut pas anticiper. Je prouverai, je crois, que l'émancipation par les colons se bornerait à l'abolition de la qualification d'esclave et que leur intention clairement déduite des termes de leur projet de règlement est de conserver la chose sans le nom. Sincèrement il faut presque leur tenir compte de ce sacrifice. A qui a vu de près les possesseurs d'esclaves il est facile de comprendre combien il a dû leur en coûter pour en venir là.

S'il doit être établi que les propositions des colons ne tendent en réalité qu'à une prorogation de la servitude pour quinze ans de plus, on se demande naturellement si au bout de ces quinze ans, ils se décideront enfin à rentrer eux-mêmes et laisser la population de la Guyane rentrer dans le droit commun. Qu'on ne l'espère pas. On va voir quels moyens le règlement de travail réserve aux colons pour tenir les esclaves dans l'immobilité, l'irresponsabilité et l'abaissement, et étouffer en eux toute inclination à récupérer leur dignité d'hommes. Après ces quinze ans révolus les esclaves ne seront pas prêts pour la liberté ; un nouvel ajournement sera nécessaire, et M. Mauguin qui, il y a quelques années, demandait trente ans de plus d'esclavage aura été prophète (2).

Se faire passer pour convertis à des idées sinon plus gé-

(1) Page 38.

(2) Le conseil colonial de Cayenne, dans sa délibération du 19 janvier 1841, s'exprimait ainsi, au sujet d'une hypothèse d'apprentissage *prolongé* : « Cet apprentissage, fût-il de trente ans, sera encore insuffi- « sant quant à la génération actuelle, et ne portera *éventuellement* de « fruits que dans les générations futures. »

néreuses, du moins plus saines, sans perdre un atôme de leurs priviléges, tel est le seul but réel des colons, et s'ils se sont hasardés à parler d'émancipation, tout en voulant garder leurs esclaves, c'est qu'ils croient avoir trouvé, pour arriver à ce but, une combinaison si ingénieuse et avoir déployé tant de talent dans son exposition, que le ministère et les chambres devront l'accepter les yeux fermés.

III.

DE QUOI LA COMPAGNIE SE FORME UN CAPITAL.

Ce capital se composerait (1) :

1° De la valeur estimative des esclaves et des plantations et usines rurales ;

2° Et d'un fonds d'exploitation égal au quart de cette estimation.

Sur le premier article, il faut faire remarquer d'abord que, d'après les statuts de la Compagnie et à partir du jour de la promulgation de sa charte, la qualité d'esclave serait abolie à la Guyane française, et les personnes auparavant flétries de cette dénomination jouiraient de la qualité d'hommes libres, sans autres restrictions que celles qui pourraient résulter de l'exécution plus ou moins possible d'un certain règlement de travail.

Or, que signifie l'évaluation d'aujourd'hui à laquelle demain donnera un démenti ? Les colons ne peuvent ignorer que l'esclave auquel ils auront donné la liberté deviendra par cela même un capital improductif entre leurs mains ou

(1) Page 37

entre celles de toute société qui voudrait continuer à le traiter en esclave. C'est oui ou c'est non. On ne peut faire d'un esclave un homme libre fictivement. Dès qu'on lui aura formellement rendu la liberté, il voudra, en dépit de toutes réserves contraires, jouir de tous ses priviléges, et, si on les lui refuse par des arguties ou par la force, il répondra par l'inertie. On sera entré dans une voie sans issue.

La valeur estimative des immeubles et du matériel, fixée la veille de l'abolition de l'esclavage, ne sera pas moins mensongère que celle du personnel. Que sont des habitations privées de leurs esclaves et n'ayant plus le travail forcé comme moyen de mise en valeur? Ce sont des propriétés plus ou moins fertiles et plus ou moins rapprochées des dépôts d'exportation. Leur valeur intrinsèque ne varie pas, mais leur valeur relative ne dépend plus des mêmes circonstances accessoires.

Que penserait-on de sociétaires qui mettraient pompeusement en société des valeurs métalliques de banque ou de bourse, lorsqu'il serait avéré d'avance que le lendemain ces valeurs devraient êtres discréditées et improductives?

Mais, dira-t-on peut-être, quelle simplicité! ne voyez-vous pas que ce que nous perdons par la déclaration d'émancipation nous le récupérons en vertu des dispositions du règlement de travail, et que l'engagé de quinze ans, plus ou moins, aura autant de valeur que l'esclave, s'il n'en a plus.

Je veux bien accepter cet aveu, si on veut le faire; il me dispenserait de pousser plus loin l'examen du projet des colons.

Les esclaves et les choses dont se compose le premier article de l'apport social valant, comme le prétend la statistique coloniale, environ 40 millions de francs, le second article devra en valoir 10. Mais où sont ces 10 millions et où la Compagnie les prendra-t-elle? Laissez-la faire, elle les extraira des caisses du trésor royal. Cette somme lui est due pour prix de ce qu'elle appelle l'émancipation des esclaves de Cayenne, et elle en a besoin pour mettre à exécution son plan d'exploitation et faire jouer le règlement aux tendances duquel nous allons être initiés.

IV.

LE CAPITAL DE LA COMPAGNIE ÉTANT NUL, COMMENT ELLE LUI DONNE DE LA RÉALITÉ.

« Un minimum de 4 p. 100 d'intérêt sur l'ensemble du « capital de la Compagnie formé ainsi qu'il est dit ci-dessus « sera garanti par l'État pendant un terme de quarante-six « ans et trois cent vingt-quatre jours à partir de la promul- « gation de la charte de la Compagnie. — Chaque habitant « sera inscrit nominativement sur le grand livre de la Com- « pagnie pour une somme représentant la valeur estimative « de ses propriétés. — Les titulaires pourront transporter « leurs titres (1). »

Ceci n'a pas besoin de commentaire; cette garantie de la part de l'État équivaudrait à la création d'une rente de 4 p. 100 au capital de 50 millions de francs, pour quarante-sept ans, et cette rente étant transférable, il s'ensuivrait que le capital colonial, aujourd'hui inerte et en défaveur, deviendrait réalisable immédiatement.

N'est-on pas fondé à se demander de quel droit les colons

(1) Pages 37, 38 et 39.

viennent avec tant d'assurance solliciter l'État de leur accorder cette garantie extraordinaire et exceptionnelle?

Des Français et beaucoup d'étrangers ont, à diverses époques, fait choix de la Guyane pour leur résidence, et ont porté là leur industrie et des capitaux presque toujours empruntés. Ils ont fait emploi de ces capitaux en un genre de propriété précaire et essentiellement illégitime, celle des esclaves; ils les ont exploités longtemps et avec excès, et ont vécu généralement dans l'abondance et l'oisiveté. Cependant le temps a démontré peu à peu que cette possession de l'homme par l'homme n'était autre chose qu'un grossier abus de la force, et ne pouvait durer plus longtemps; et lorsque la crise d'un changement devient imminente, lorsque ce qu'on appelle le capital colonial s'avilit de plus en plus, que font les colons, leurs héritiers et ayant-droits? Ils se présentent au Ministre de la marine et des colonies avec de gros factums à la main, et lui disent : Notre propriété est sur le point de ne rien valoir. N'importe, nous offrons d'en faire l'abandon à l'État moyennant le paiement qu'il nous en fera intégralement en bonnes inscriptions de rentes que nous puissions réaliser par transfert. Toutefois, nous ne nous dessaisirons de nos plantations et de nos esclaves que dans quinze ou vingt ans, et jusque-là, après avoir changé le nom de ces derniers en celui d'hommes libres, et le nôtre de planteurs en celui de colons de la Guyane française, nous continuerons d'exploiter notre ancienne propriété comme ci-devant. Non, nous nous trompons, ce ne sera plus comme autrefois au bruit des claquements du fouet de nos surveillants, mais selon le règlement que voici en dix chapitres et trente paragraphes.

Il faut bien reconnaître que pour être planteur à la Guyane française on n'a pas droit, dans des circonstances analogues, à plus de priviléges ou de commisération que n'en aurait le plus obscur montagnard des Cévennes ou du Vivarais. Or, lorsque le malheureux villageois a vu son champ ravagé par le torrent, ou sa cabane détruite par l'incendie, que fait-on? On lui donne quelquefois un secours équivalent peut-être au revenu d'une année. Mais on n'imagine pas que l'individu, frappé de l'un ou de l'autre de ces fléaux, osât jamais se présenter au Ministre de l'intérieur, et lui dire : Mon champ et ma cabane sont détruits; j'en cède la place au gouvernement, donnez-m'en la valeur intégrale et un quart en sus en une rente sur le grand-livre. Après cela, pour vous éviter la peine d'exploiter ces propriétés, je les reprendrai, et cette fois ferai si beau, si bien, que j'en tirerai le double de ce qu'elles me valaient avant.

On dirait que l'ouragan et l'incendie ont rendu cet homme fou, et cependant il n'aurait rien fait pour s'attirer le fléau cause de sa ruine, tandis que le possesseur d'esclaves a à se reprocher des actes qui partout ailleurs qu'aux colonies, et hors de la portée des juridictions qui les régissent, seraient qualifiés de *séquestration de personnes, coups, sévices et injures graves*, et réprimés par des peines sévères.

La Compagnie des colons prétend, il est vrai, qu'elle seule est compétente pour accomplir l'œuvre difficile de l'émancipation, qu'elle le fera à ses dépens et à la satisfaction de toutes les parties, et que la garantie lui est due pour un si beau sacrifice. Mais nous verrons tout à l'heure à quoi se réduisent ces protestations, et il demeurera au contraire évident que, si en matière d'abolition il est une intervention dont il faut se garder, c'est surtout celle des possesseurs d'esclaves.

V.

LE PLAN FINANCIER DE LA COMPAGNIE DÉMONTRÉ ABSURDE PAR UN PLANTEUR.

Ce qui a le plus préoccupé les auteurs du projet d'association a été de persuader à l'État qu'en garantissant un minimum de 4 p. 0/0, non-seulement il ne courait aucun risque d'avoir jamais rien à payer, mais encore il donnait à la Compagnie les moyens de faire rapporter au capital colonial, dès 1847, un revenu de 17 1/2 p. 0/0.

Le système financier qu'ils ont inventé à cet effet est beau et séduisant; malheureusement M. T. F. RONMY, ayant intérêt comme les futurs associés dans la possession des esclaves, et de plus président du conseil colonial de la Guyane, vient dans une brochure distribuée récemment (1), de le ruiner de fond en comble, en démontrant par des calculs très-rigoureux les propositions suivantes :

1° La propriété coloniale, au lieu de produire aujourd'hui 8 pour cent, n'en produit que 3 1/2.

2° La perte annuelle de la Compagnie, pendant les trois années de transition, serait de 4,161,026 francs, en y comprenant les deux millions de garantie que l'État serait obligé de payer et qu'il faudrait lui rembourser.

3° En supposant que le travail survécût à l'émancipation (telle que la Compagnie l'entend), et que les produits fussent doublés, on n'aurait après la période de transition que 3 2/10 pour cent de revenu net, au lieu de 17 1/2, et on ne pourrait pas même payer les 2 millions de garantie.

____

(1) Imprimée par Schneider et Langrand, 1845.

4° Les opérations des deux ou trois premières années, pendant lesquelles on doit *remanier* et transformer les terres et les usines, ainsi que l'obligation de payer plus de 2 millions en salaires, auraient pour effet de détruire plus de 34 des 40 millions de capital.

5° Et enfin cette partie du capital montant à 10 millions, appelée fonds de roulement et d'exploitation, et seule ressource réelle de la Compagnie, venant bientôt à être épuisée par les déficits, cette Compagnie serait ruinée.

On a reproché à M. Ronmy d'avoir, d'une manière absolue, exclu la valeur des vivres de la liste des revenus de la Guyane, sous le prétexte qu'ils ne sont pas exportés, mais consommés en totalité par les producteurs. A cela il y a à répondre que, même en faisant à la Compagnie une concession modérée à ce sujet, et en modifiant en conséquence les calculs de la brochure de M. Ronmy, les conclusions de l'auteur n'en seraient pas affaiblies, et il n'en serait pas moins prouvé que la Compagnie a présenté au Ministre des calculs reposant sur de fausses bases.

Le coup de massue porté par M. Ronmy à l'association en embryon est tel, que je me suis demandé s'il y avait réellement lieu de s'occuper encore de ce projet. Toutefois le président du conseil colonial n'a pu, par sa position, l'envisager qu'à un certain point de vue, il doit être combattu par des considérations d'un autre ordre.

Il n'est pas hors de propos de faire remarquer ici que dans cet écrit M. Ronmy, en supposant la réalisation de ce projet, s'est occupé du sort de tout le monde à la Guyane, à l'exception des esclaves. Grands et petits propriétaires, propriétaires liquides et endettés, négociants, détaillants, pacotilleurs, aventuriers, tous ont attiré l'attention de l'auteur. Mais les esclaves, il n'en parle que pour faire observer avec amertume que la valeur en sera anéantie puisqu'on les émancipe, et qu'il ne restera de positif que la valeur des bestiaux.

Ah ! sans doute il est désastreux qu'on ne puisse pas regarder les esclaves comme un bétail aussi ; ils ne deviendraient pas un capital négatif, et l'émancipation ne serait pas aussi embarrassante.

Voilà bien les planteurs, les possesseurs d'esclaves partout et toujours. Voilà ceux qui se prétendent les mieux placés pour prendre l'initiative de l'émancipation et la mener à fin, eux pour qui le nom seul de cet acte de justice est synonyme de spoliation et de ruine!

VI.

LA COMPAGNIE SE CROIRAIT INVESTIE D'UNE MISSION SOCIALE.

Tous les temps ont eu leurs prophètes, leurs inspirés et leurs missionnaires. Le nôtre, tout éclairé et tout matérialiste qu'il soit, n'est pas resté, sous ce rapport, au-dessous de ses devanciers. Nous avons eu, depuis plus d'un demi-siècle, des apôtres de liberté, d'humanité, de nationalité, de science sociale. De nos jours il n'est pas de compagnie d'assurance ni de tontine qui ne prétende être venue exactement au moment où la société réclamait hautement une telle institution. Enfin cette prétention est tombée si bas qu'on voit journellement le premier venu, un homme auquel on a peut-être à reprocher des actes infâmes, qui, après avoir versé cent mille francs à la caisse des cautionnements, lance une feuille dans le public et imprim eonctueusement qu'il a une mission, une sainte et impérieuse mission.

Si l'incorporation de la Compagnie des colons était consentie par l'État, elle aussi aurait une mission, car elle dit gravement :

« L'obligation de soumettre tous mes coïntéressés, tous
« mes employés, tous mes travailleurs à un même règle-
« ment m'est imposée, non-seulement par le caractère par-
« ticulier de ma mission, mais encore par les lois naturelles
« et nécessaires des sociétés humaines (1). »

Allez par tout le monde et préchez l'Évangile à tous les hommes! Telle fut la formule claire, précise et impérative par laquelle le sage de Judée fit de ses disciples des apôtres. Si beaucoup nient le fait, beaucoup plus encore le croient, c'est une question d'histoire.

En attendant que les statuts de la Compagnie des colons figurent au Bulletin des lois, qui lui a dit : *Allez, émancipez vos esclaves, sans vous en dessaisir toutefois; faites-en des engagés de quinze ans, et pour un si grand dévouement faites-vous donner deux millions de francs de rente par l'État!* Est-ce M. Jules Lechevalier? Mais qui a dit à ce dernier de le dire? Il serait par trop grotesque de regarder cet écrivain comme le messie des esclaves de Cayenne. Il a pris trop grand soin en maintes circonstances de nous dire qu'à ses yeux l'émancipation n'est possible que si elle est exécutée comme opération industrielle (2).

Mission suppose abnégation et sacrifice, et certes la Compagnie des colons est, dans ses propositions, trop minutieusement préoccupée du temporel pour qu'on lui reconnaisse jamais le droit de se prétendre revêtue d'un caractère d'initiation civilisatrice.

(1) Page 134.
(2) Voir le cahier d'*Études et avant-projet*.

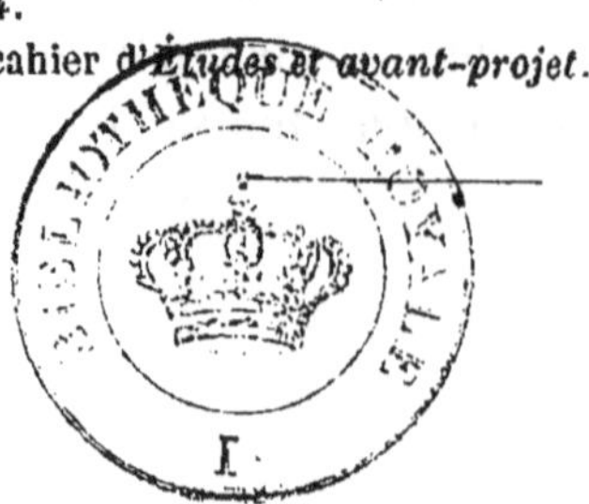

VII.

LA COMPAGNIE VEUT SE FAIRE CÉDER LA GUYANE EN TOUTE PROPRIÉTÉ.

« Ma mission m'imposant cette obligation et me forçant
« à assumer cette grave responsabilité, il suit que je dois
« avoir la faculté de régler la répartition de la population ;
« distribuer les terres, les concessions et les cultures ; or-
« ganiser une police rurale comprenant le règlement de la
« chasse, de la pêche, de la navigation fluviale, de l'exploi-
« tation et de l'aménagement des bois (1). »

Comme on le voit, la Compagnie est de son siècle et s'ar-
range de manière à ce que sa mission ne soit pas une lettre
morte. De nos jours l'apostolat n'est bon à quelque chose
qu'autant que ses actions se cotent à la Bourse.

Cependant, préoccupée des avantages pécuniaires que
son émancipation industrielle doit lui procurer, la Compagnie en demandant à l'État une cession totale de la Guyane
française pour quarante-sept ans, a fait un anachronisme.
Ces aliénations prodigues sont quelque peu passées de
mode.

Il est vrai que la Compagnie peut citer de nombreux pré-
cédents à l'appui de sa demande :

En 1633 le cardinal de Richelieu accorda à une compagnie de Rouen le commerce de l'Orénoque et de l'Amazone,
et les priviléges de cette compagnie furent confirmés et
augmentés en 1638.

En 1652, douze individus se qualifiant de seigneurs de la
Guyane obtinrent du roi la concession de ce pays.

(1) Page 135.

En 1663, une compagnie se composant de vingt personnes obtint de la même manière, en toute propriété, sous le nom de *France équinoxiale*, tout le pays compris entre l'Orénoque et l'Amazone ainsi que les îles qui en dépendent.

Enfin, peu de temps après, une *Compagnie des Indes occidentales* reçut par lettres-patentes la propriété de toutes les terres et îles habitées par les Français dans l'Amérique méridionale.

Mais que devint la Guyane ainsi ineptement livrée à la rapacité des compagnies? Elle fut ravagée par les Indiens, désolée par des querelles intestines; le meurtre et le pillage; tomba, en 1666, au pouvoir des Anglais, et en 1672 en celui des Hollandais. Le roi de France fut obligé de supprimer par un édit toutes les compagnies, et il fallut, en 1774, envoyer le maréchal d'Estrées avec une escadre considérable pour faire rentrer cette possession sous la domination de la France (1).

Ces temps sont bien loin de nous, dira-t-on; si aujourd'hui le gouvernement est moins absolu, il est plus fort par la raison que la majorité se soumet volontairement à ses actes. Et le gouvernement pourra toujours tenir en bride la compagnie usufruitière de la Guyane et l'empêcher de compromettre le sort de ce pays par des actes arbitraires ou insensés.

Il vaut beaucoup mieux que la France n'expose pas la Guyane aux malversations et aux bévues de la Compagnie des colons ou de toute autre. Si cette colonie est restée et doit rester encore stationnaire sous la domination et l'administration immédiate de la mère-patrie, c'est un mal sans doute, mais le mal serait cent fois pire si, après s'en être

(1) Notice historique sur la Guyane française, par M. Ternaux-Compans.

dessaisi, l'État se voyait forcé de la reprendre désorganisée et bouleversée par le conflit des intérêts d'une nuée de sociétaires et par les expériences d'un règlement quasi phalanstérien.

La Compagnie des colons voudrait établir une similitude entre elle et les sociétés qui aux États-Unis ont effectué des défrichements et créé des commencements de corporations (1). Le rapprochement est fort mal choisi. Tout le monde sait que la plupart de ces compagnies n'ont jamais fait d'avances et ne se sont jamais livrées à aucun travail sérieux de colonisation. Voici ce qui est arrivé : des industriels, à la vue du flot pressé de l'immigration, se faisaient faire concession d'un territoire, le divisaient en lots, et, attirant les immigrants de ce côté par la publicité et les démarches personnelles d'agents actifs, se défaisaient en détail des terres de leurs concessions. Les choses se sont passées à peu près de même dans le haut Canada. Il n'y a donc aucune comparaison à faire entre l'utopie hasardeuse de M. J. Lechevalier et les faits matériels de la colonisation de l'ouest des États—Unis et du haut Canada (2). Les compagnies américaines ont en outre cet avantage sur la Compagnie des colons, c'est qu'elles ne se sont jamais attribué de mission, n'ont pas demandé pour 15 ans le travail forcé de vingt mille hommes, ne se sont pas fait garantir de minimum de revenu, et cependant ont produit d'immenses résultats.

(1) Page 69.

(2) M. Lechevalier pensait de même en 1841, et écrivait dans son *Avant-projet*, *pièce n° 6 C*, *page* 10 : « En général, la famille émi- « grante consacre son petit capital à un achat de terrain, et les grandes « compagnies, qui paraissent se former dans un but de colonisation, « n'ont souvent qu'un but d'agiotage sur les terrains. »

VIII.

DÉPLACEMENT ARBITRAIRE DES POPULATIONS.

La Compagnie se propose de concentrer les cultures. S'il était possible de s'intéresser en aucune manière à ses vues, il faudrait peut-être applaudir à cette mesure considérée abstractivement et en elle-même. Mais liée qu'elle serait à une nouvelle et capricieuse distribution de la population, elle est injustifiable.

Je lis quelque part (1) : « Nous ne nous arrêterons pas « pour le moment à détruire l'objection qui nous accuserait « de préluder d'une manière tant soit peu violente à l'inau-« guration du travail en opérant ainsi, bon gré mal gré, le « transport des familles de cultivateurs à des habitations « nouvelles. »

La Compagnie a eu tort de ne pas s'arrêter à détruire cette objection, elle ne l'a détruite nulle part ; et en cela elle a montré peu de prévoyance et beaucoup de mépris pour le pouvoir auquel elle s'adresse. Cette objection subsiste dans toute sa force, et elle est si grave qu'à elle seule elle rendrait le projet tout entier inexécutable.

En effet, si la Compagnie obtenait de l'État les pouvoirs exorbitants qu'elle sollicite, elle n'aurait pas un moment à perdre, et ses agents, revêtus du *seul pouvoir disciplinaire dont les noirs auront l'habitude à cette époque, celui de l'es-clavage* (2), devront, dans les 18 premiers mois de la période

(1) Page 94,
(2) Page 190.

transitoire, se hâter de chasser devant eux les divers ateliers pour les conduire aux points de concentration fixés
d'avance. Habitudes de la localité, liens de voisinage, atta-
chement pour la case, le cimetière, la crique, la colline,
rien ne serait respecté. Mes amis, ne perdez pas de temps,
ramassez vos effets, faites vos adieux, en marche! vous
pour les vases de l'Appronage et du canal Torcy, vous pour
les savanes de l'Oyapock, vous pour les forêts vierges de
Kaw. Cela vous contrarie. Vous aimiez le séjour sain et
animé de l'île de Cayenne ou de tout autre quartier que
vous avez habité depuis l'enfance. N'importe; cette mesure
est nécessaire pour *arrêter la dépopulation, assurer à nous
tous les bienfaits de la civilisation, réparer d'anciennes er-
reurs et surtout doubler notre revenu* (1).

Je ne voudrais introduire dans cet examen aucun des
lieux-communs d'une philanthropie exagérée, il faut cependant présenter les traits les plus saillants de ces déplace-
ments forcés. Qu'on se pénètre bien de cette vérité : on ne
balaye pas ainsi impunément de ses foyers une population
même misérable, même abreuvée de dégoûts et épuisée de
rigueurs comme une population esclave.

Rendons justice aux auteurs du projet ; ils ont par delà
le troisième ciel un trésor d'humanité dont ils daignent par-
fois ouvrir les cataractes. « La concentration des propriétés
« a commencé, disent-ils, depuis plusieurs années dans cer-
« tains quartiers. Nous régulariserons ce mouvement et lui
« ôterons le caractère oppressif qu'il a en ce moment (2). »
De quelle oppression s'agit-il? De celle sans doute qui
pèse sur les esclaves déplacés et refoulés comme du
bétail. Vous n'y êtes pas ; il s'agit de l'oppression sous

(1) Page 90.
(2) Page 85.

laquelle gémissent les petits propriétaires *absorbés* par les grands.

IX.

IL SERAIT FAIT VIOLENCE AUX HABITUDES DE TRAVAIL DES ESCLAVES.

Les ouvriers des campagnes en Europe sont moins heureux que des esclaves, c'est ce que les partisans de l'esclavage nous prescrivent de croire. Je suppose qu'un jour on proposât à ces ouvriers de bouleverser toutes leurs habitudes ; aux vignerons d'en faire des terrassiers, aux jardiniers des mineurs, aux meuniers des bûcherons, je demande quel succès aurait une telle proposition? C'est justement ce que la Compagnie se propose de faire avec ces esclaves auxquels, à l'en croire, elle porte un si tendre intérêt, et de le faire de haute main et sans contradiction.

2,765 esclaves seraient retranchés des cultures, comparativement peu pénibles, du coton, des épiceries, des rocouries, des ménageries et des briqueteries pour être transférés, savoir :

1,700 sur les sucreries ;
  565 sur les ateliers d'exploitation de bois ;
  500 sur ceux des défrichements et travaux publics (1).

(1) Tableau de la page 96.

On ne saurait trop le répéter, ce sont là les travaux les plus meurtriers qu'on puisse imposer sur le sol de la Guyane à des esclaves sans protection ou à des engagés laissés à la discrétion d'une compagnie de spéculateurs.

Qui se doute, en France, des duretés de la culture de la canne à sucre dans les terres noyées de ce pays? Il faut savoir que l'atelier quitte les cases à cinq heures et demie du matin pour se rendre sur le terrain, ordinairement à une grande distance, à travers des sentiers rudes et presque impraticables, surtout dans la saison des pluies, c'est-à-dire au moins six mois de l'année. Il reste là toute la journée, parce que revenir pour les repas causerait trop de perte de temps. Il y reste exposé à un soleil de 40 et 42 degrés Réaumur. Pas un arbre n'est laissé sur pied dans les champs de canne à sucre, pas un abri n'y est construit pour les travailleurs. L'avarice ou l'insouciance du maître lui fait compter pour rien tout ce qui, étant un comfort pour les esclaves, tournerait en même temps à son propre profit.

S'il s'agit de sarcler le carré de cannes, les travailleurs, chargés d'un lourd hoyau, ont à pénétrer, nu-pieds, à travers un véritable taillis de plantes vivaces et épineuses, recelant toutes sortes de reptiles et d'insectes nuisibles, et à subir le frottement continuel de l'épais feuillage de la canne. Faut-il faire la récolte, l'esclave homme ou femme, faisant jouer un coutelas du poids de deux kilogrammes, dépouille, d'abord de ses feuilles la canne à sucre, qui, dans ces riches terrains, atteint quelquefois une longueur de plus de quatre mètres sur un diamètre proportionné, la tranche d'un coup près de la racine, et la divise en deux ou trois morceaux qu'il laisse sur sa route. D'autres travailleurs suivent, et réunissant ces cannes en lourds faisceaux, les transportent au bateau amarré sur le canal voisin, en marchant toujours nu-pieds dans les sentiers raboteux que laissent entre elles

les rangées de la plantation, et que rendent difficiles et glissants les amas de feuilles dont ils sont comblés.

L'exploitation des bois exige des travaux également durs. L'atelier est tiré de l'établissement principal pour aller camper plusieurs mois de suite sous des abris de feuillages dans la partie de la forêt qu'il s'agit d'exploiter. Ces travaux durent toute l'année. Les deux belles saisons sont employées à l'abattage et l'équarrissage; *les nègres y travaillent presque nus, pour n'être pas accrochés par leurs vêtements et écrasés par la chute des arbres qu'ils ne pourraient éviter* (1). Ils y emploient la hache, la pioche et la pince.

Le halage s'opère pendant les deux saisons pluvieuses. *C'est l'opération la plus pénible. Les chemins ne peuvent être qu'ébauchés, ils sont impraticables pour les voitures et les cabrouets. Ils sont garnis transversalement de rondins ou rouleaux de bois fixes sur lesquels on fait cheminer la pièce. Des nègres la tirent en avant au moyen de lianes, tandis que d'autres la dirigent et la soulèvent par derrière avec des leviers* (2). Toutes ces pièces, d'un bois dur et compacte, ont une pesanteur moyenne de 24 kilogrammes le pied cube, et beaucoup d'entre elles ont une longueur de 10 et 15 mètres, sur un diamètre de 40 à 50 centimètres.

Bien que les défrichements se composent d'une série de travaux tous pénibles, je ne mentionnerai ici que ceux de canalisation et d'endiguement indispensables pour la création de nouvelles plantations.

Est-il question de mettre en valeur un carré de terre situé sur le bord de la mer ou sur celui d'une rivière non loin de son embouchure (ce sont des terres de ce genre que la Compagnie a en vue), on divise ce terrain en plu-

(1) Forêts vierges de la Guyane, par M. Noyer.
(2) Même auteur.

sieurs parallélogrammes dont les deux grands côtés sont perpendiculaires à la ligne du rivage. Chacun de ces parallélogrammes, représentant une habitation pouvant occuper au moins 500 travailleurs et d'une superficie de 18 à 20,000 mètres carrés, devra être protégé contre l'action des marées et celle des inondations, suite des pluies de l'hivernage. Cela se fera au moyen d'une digue de 2 mètres de haut qui l'encadrera entièrement, et cette digue sera formée elle-même des déblais provenant d'un canal de 4 mètres de large sur 2 mètres de profondeur à creuser tout autour de l'habitation et en dedans de la digue. A cet encadrement général se rattache un système complet de canaux de navigation, tranchées, rigoles, écluses et routes centrales (1). Tout cela est exécuté par des travailleurs à peu près nus, armés d'une bêche étroite à manche long et lourd. Les canaux sont assez profonds pour que la tête du pionnier soit souvent au niveau du sol, et c'est de cette profondeur qu'il doit lancer sur le bord le *clog* de terre grasse et pesante qu'enlève chaque coup de sa bêche. Il ne peut sentir l'influence de la brise de l'est, et le soleil darde en plein sur ses membres ruisselants de sueur et autour desquels se jouent des milliers de maringouins. Comme de raison il est tout souillé de la vase dans laquelle il s'enfonce jusqu'à mi-jambe.

Évidemment c'est là une tâche d'esclave ou plutôt de malfaiteur condamné à une peine infamante.

Tels sont dans leurs caractères les plus marqués les tra-

---

(1) Montgommery Martin, dans l'*Histoire des colonies anglaises*, 2e volume, page 135, pose en fait que, dans la Guyane, une plantation produisant 700 tonneaux de sucre, de 800 kilogrammes chacun, doit avoir une étendue de 30 milles (48 kilomètres) de canaux d'écoulement et de navigation, et 200 milles (321 kilomètres) de rigoles d'assainissement.

vaux attrayants auxquels·la Compagnie des colons voudrait vouer non-seulement les esclaves qui y sont déjà employés, mais un grand nombre de ceux à qui jusqu'à présent ou n'a demandé que le travail peu pénible des petites cultures.

Ces travaux, dira-t-on peut-être, ne sont pas plus durs qu'un petit nombre de ceux auxquels nos ouvriers d'Europe se soumettent tous les jours. Mais ai-je besoin de dire ici que les difficultés matérielles du travail étant les mêmes ce travail paraît et est effectivement léger à celui qui, avant de l'entreprendre, a eu la faculté de discuter avec l'employeur les conditions de temps, d'exécution et de salaire. Les anciens esclaves à la Guyane anglaise exécutent volontairement aujourd'hui ces mêmes travaux, mais ils sont libres; mais si le défrichement, le terrassement et la culture de la canne les fatiguent au bout de la semaine ou de la quinzaine, ils y renoncent momentanément et font autre chose. Dans ce pays comme dans les autres colonies il faut avec des hommes libres subir ces conditions. Les plus beaux règlements de travail n'y feraient rien. Si l'on ne veut pas s'y résoudre, qu'on rive de plus belle les fers de la servitude.

X.

VELLÉITÉS DE LA COMPAGNIE A L'ÉGARD
DE LA POPULATION LIBRE.

La Compagnie sait qu'à la rigueur elle ne pourrait porter sur ses contrôles de travailleurs que 12,975 individus (1)

(1) Notice statistique sur la Guyane française, page 157.

c'est trop peu pour elle. L'ogre des contes de l'enfance sentait la chair fraîche, la Compagnie flaire le sang africain et le sang mêlé. Sous prétexte de créer une école des arts et métiers où l'on s'occuperait de former des apprentis ouvriers de diverses professions, elle dit : « on trouvera les « principaux éléments de cette école dans les 863 garçons « au-dessous de 14 ans appartenant à la population libre de « la colonie. Il est juste et nécessaire de rendre l'apprentis- « sage obligatoire pour cette classe d'enfants (1). »

On comprend que la transformation de 863 enfants aujourd'hui parfaitement libres, en autant de petits esclaves apprentis serait une opération très *utile* à la Compagnie et qu'elle la regarde comme *nécessaire;* mais qu'elle ose la proclamer *juste,* c'est ce qui est fait pour surprendre. Les colons ignorent-ils donc que la traite est supprimée et que les lois sévissent rigoureusement contre tout attentat à la liberté individuelle?

La Compagnie ne croit pas devoir en agir si cavalièrement. avec les 500 colons libres de la Mana. « Au point de vue de « més propres intérêts, dit-elle, je n'aurai pas à m'occuper « de cet établissement, bien que j'eusse bon parti à tirer « de 500 travailleurs de plus ajoutés à mes ateliers (2). »

Évidemment les colons émancipateurs ont ici manqué de courage; ils viennent bravement de s'emparer de 863 enfants d'un seul coup de filet, mais voici un gros bataillon de 500 nègres libres : *passons, ils sont trop verts!*

Toutefois nous allons voir que si la Compagnie a peu d'espoir d'enrôler les colons de la Mana, il n'en est pas de même à l'égard des affranchis répandus sur la surface de toute la Guyane et dont le nombre s'élève à 4,617 dont 1,912

(1) Page 103.
(2) Page 146.

du sexe masculin et 2,605 du sexe féminin (1). Certes ce sont là de beaux chiffres, et la Compagnie, qui aurait *bon parti à tirer* de tant de travailleurs, parviendrait bien, si on lui laissait les coudées franches, à exiger d'eux comme des esclaves le travail *volontaire et rémunéré.*

Voici comment elle s'y prend. Elle insinue d'abord que les habitudes et les occupations de cette population vont se trouver dérangées par l'établissement de la Compagnie, puisqu'elle sera mise en possession du domaine de l'État, en ce qui concerne les terrains vagues, les bois et les fleuves, autant vaut dire mise en possession de toute la Guyane. C'est bien clair. Cette population, ainsi dérangée et harcelée par la Compagnie, n'aura rien de mieux à faire que de se jeter dans ses bras civilisateurs et accepter l'engagement. « D'ailleurs, ajoutent les colons, la double pro-« tection, le double bénéfice social résultant pour les affran-« chis des services publics organisés par l'État et la Compa-« gnie *permettent d'exiger* qu'ils contribuent aux *charges* « *communes* (2). » Quelles sont ces charges communes ? Est-ce l'impôt, la prestation en nature, le service de la milice, le concours à la défense du sol ? rien de plus juste que d'y astreindre la population libre. Mais ce n'est pas de ces charges qu'il s'agit. La Compagnie ne laisse pas de doute à ce sujet. « Lesquelles charges, poursuit-elle, consistent « spécialement à fournir à la production des denrées d'ex-« portation pour la France, et à consommer des marchan-« dises venant des ports de la métropole (3). »

Ainsi les auteurs du projet sont toujours sur le même terrain. Il ne doit y avoir à la Guyane que des engagés ; on

______

(1) Notice statistique, page 157.
(2) Page 138.
(3) *Idem.*

n'y cultivera que des denrées exportables, on n'y consommera que les denrées qui sortiront de leurs magasins.

La Compagnie pouvait se dispenser de procéder ainsi par insinuations et par inductions; elle avait déjà dit nettement : « Toute personne non propriëtaire, résidant dans « les districts ruraux de la Guyane, sera soumise à la charte « de la Compagnie et lui devra ses services, soit comme « employé, soit comme travailleur, et devra être immatri- « culée dans ses cadres (1). »

Il n'est pas nécessaire de multiplier ces citations et il reste prouvé que la Compagnie veut faire rentrer en état de servage cette partie de la population de la Guyane à laquelle les lois, des actes authentiques et une possession paisible ont depuis longtemps assuré la liberté.

XI.

PRODUITS IMAGINAIRES OU EXAGÉRÉS ANNONCÉS PAR LA COMPAGNIE.

Les colons, qui voudraient surtout amener l'État à leur accorder la garantie d'un minimum de revenu de 4 0/0, ne négligent rien pour faire croire qu'en 1847 tous les produits agricoles de la Guyane seront doubles de ce qu'ils sont aujourd'hui sous le régime à transformer. Ils prennent pour base de leurs calculs trois tableaux statistiques des cultures de ce pays, publiés par le Ministre de la marine et des colonies en 1836, 1839 et 1840. La seule manière d'opérer en un cas semblable eût été de présenter le tableau des pro-

(1) Page 136.

duits, ou au moins des exportations, pendant les dix dernières années, et d'en déduire un chiffre moyen pour chaque espèce de produit. Ce mode, sans autoriser la certitude pour l'avenir, justifierait au moins la croyance en une probabilité raisonnable. Les documents administratifs nécessaires à la Compagnie pour suivre cette marche rationnelle, ont dû être mis à sa disposition. Pourquoi n'en a-t-elle pas fait usage?

Quoi qu'il en soit, il m'a été possible, en m'aidant uniquement, faute de mieux, de la notice statistique déjà citée (1), de déterminer la moyenne des produits principaux de la Guyane pendant une période de sept ans pour les uns et de cinq et six ans pour les autres, ainsi que la moyenne du nombre de travailleurs employés à chaque culture pendant une période de trois ans. Ces chiffres sont, je crois, les seuls, en l'absence de renseignements plus précis, au moyen desquels il soit possible de contrôler les exagérations de la Compagnie au sujet des produits de 1847.

Maintenant surmontons, s'il est possible, l'aridité de cette revue et voyons ce que les soi-disants émancipateurs attendent de leurs libérés au delà de ce que les vrais possesseurs d'esclaves en arrachent aujourd'hui (2).

SUCRE. — 3,958 (3) esclaves, auxquels sans doute on n'a pas épargné les stimulants en usage aux colonies, ont produit, jusqu'en 1840 et année commune, 2,104,471 kilogrammes de sucre. La Compagnie leur adjoindra 1,700 tra-

---

(1) Cette notice indique la production des années de 1831 à 1836, ainsi que de 1839 et 1840.

(2) Pour les revenus probables de la Compagnie, voir p. 105, Mémoire n° 5.

(3) Le chiffre moyen des travailleurs pendant trois ans est supposé pouvoir s'appliquer à la moyenne des produits de sept ans.

vailleurs, c'est-à-dire que la force totale de ces ateliers s'accroîtra d'un peu moins de 50 pour cent, et elle fixe d'avance à 4,845,602 kilogrammes, ou à plus du double, la quantité de sucre qu'ils produiront en 1847. Ainsi, le nombre des bras étant moindre, les ouvriers adjoints étant inexpérimentés et travaillant à contre-cœur, le travail, de forcé qu'il était, étant devenu *volontaire*, les produits devront augmenter, et la raison qu'on donne de ce singulier résultat est tout entière dans des expressions comme celles-ci : *nous calculons que*, *il n'est pas douteux que* (1).

CAFÉ. — 44,289 kilogrammes de café ont été, chaque année, le produit du travail de 187 esclaves. La Compagnie emploiera à cette culture 300 bras, c'est-à-dire augmentera l'atelier de 61 pour cent, et elle annonce hardiment un produit de 100,000 kilogrammes, de 150 pour cent plus élevé que le produit ordinaire, donnant pour garantie de cette augmentation sa propre affirmation formulée par le mot *certainement*.

COTON. — 2,780 esclaves ont produit, année commune, 223,014 kilogrammes de coton. La Compagnie n'affectera à cette culture que 1,000 travailleurs et attend d'eux cependant 370,000 kilogrammes de coton. 1,774 ouvriers de moins, 65,011 kilogrammes de produit de plus. Quelle compagnie autre que celle des colons et de M. J. Lechevalier produirait de telles merveilles ? *Il est évident*, disent-ils, que 1,000 noirs, munis de machines, produiront, etc. Faut-il conclure de là que les cotonneries de la Guyane française sont aujourd'hui entièrement dépourvues d'appareils mécaniques et que les ouvriers qu'on y emploie égrennent le coton à la main et gousse par gousse ?

(1) Page 97.

ROCOU. — 3,409 esclaves avaient l'habitude de produire 332,009 kilogrammes de rocou. La compagnie, avec
l'assurance qu'on lui connaît, et toujours au moyen des
merveilleuses machines qu'elle inventera, en veut produire
250,000 kilogrammes avec seulement 1000 ouvriers. Dans
la même page, elle coud à la suite les unes des autres des
phrases comme celles-ci : Le rocou est peut-être le produit le plus précieux de la Guyane. — Toutefois, c'est un
très-mauvais emploi à faire des bras disponibles que de les
employer à sa production. — La Compagnie, tout en res-
treignant la production, pourra conserver ses revenus de
ce côté (1).

CACAO. — La production a été, année commune, de
40768 kil , fruit du travail de 250 esclaves. La Compagnie
n'employant que 150 travailleurs en promet 60,000, attendu, dit-elle, que le *cacaoyer* n'exige presque pas de culture.
N'est-ce pas là une raison bien trouvée? Combien les esclaves vont être contents ! Pour eux sans doute le cacaoyer
exigeait une laborieuse culture. Mais ils ne seront pas plus
tôt transformés en engagés de 15 ans par la baguette de la
Compagnie que cette plante n'en exigera presque plus.

ÉPICES. — La Compagnie ne veut employer que 1000
noirs aux épices et en faire produire 126,021 kil. Les planteurs actuels, qui y emploient 1720 esclaves, n'en font cependant que 168,647 kil. N'importe; « à l'époque de la cueil-
« lette et de la préparation des épices qui exigent un grand
« nombre de bras, on détachera des autres cultures quel-
« ques *bandes* de travailleurs extraordinaires. »
Comment remplacera-t-on ces *bandes* dont l'absence

(1) Page 99.

pourrait être fatale aux cultures délaissées? Qui sait? peut-être par des *bandes* d'actionnaires.

VIVRES. — La banane, le manioc, l'igname et le tayove ont été d'un immense secours à la Compagnie pour édifier son plan. Dans l'évaluation des revenus de 1847, les vivres n'entrent pas pour moins de 7,016,830 francs ou 3/5 du revenu total brut (1).

La somme annuelle de 1,812,539 francs que je fais résulter des chiffres officiels de la notice statistique n'est guère plus vraie, mais je la supposerai telle pour l'argumentation, et je rappellerai que cette valeur est le produit du travail de 516 esclaves.

La Compagnie, avec mille travailleurs, affirme pouvoir produire annuellement 10 millions de kilogrammes de vivres valant ladite somme de 7,016,830 francs, ce qui reviendrait à ceci : un seul esclave est supposé avoir produit jusqu'à présent pour 3512 francs de vivres par an, *ce qui est absurde*. La Compagnie suppose qu'un seul engagé en pourra produire pour 7016 francs, ce qui est *deux cents pour cent plus absurde encore.*

En France le meilleur laboureur, aidé d'une charrue et d'une bonne paire de bœufs, et ayant de la terre à discrétion, pourrait-il fournir à son maître cent sacs de blé ou de pommes de terre pesant 100 kilogrammes chacun? Qui oserait dire : oui? C'est cependant à peu près, en se basant sur le poids, ce que la Compagnie attend de chacun de ses 1000 ouvriers employés à la culture des vivres.

BOIS DE CONSTRUCTION ET D'ÉBÉNISTERIE. — De 1832 à 1836 la Guyane française n'a exploité annuelle-

(1) Tableau page 104.

ment et en moyenne que pour la faible somme de 23,416 fr. de bois indigènes. On ignore le nombre d'esclaves employés à ce travail. Comme bien on pense, MM. les colons unis feront mieux que cela.

Ils auront 4 *grands* chantiers employant 140 travailleurs, c'est-à-dire 35 chacun (1).

Partout ailleurs, et même à Cayenne, on appellerait ces *grands* chantiers de 35 travailleurs de *très-petits* chantiers. En effet, les hommes pratiques qui se sont occupés de la question d'exploitation des bois de la Guyane supposent toujours le personnel d'un atelier d'environ 200 individus, hommes et femmes.

Or, dans ces *petits* chantiers, « la Compagnie établira de « *vastes* scieries mécaniques, et une puissante impulsion « sera donnée à l'industrie des bois, si bien qu'elle *espère* « faire une concurrence avantageuse au commerce améri- « cain, d'abord dans les Antilles, puis dans les colonies « étrangères (2). »

Partagera qui voudra les espérances de la Compagnie, mais, aux colonies, le plus mince commis sait ce qu'elle semble ignorer : que le commerce américain s'occupe presque exclusivement du pin résineux, du sapin, du chêne et du cyprès, bois dont les Antilles et les colonies étrangères ne peuvent se passer, et que la Guyane ne produit pas.

Voyons d'ailleurs ce que peuvent exploiter ces 140 bûcherons, en supposant deux chantiers occupés des bois d'ébénisterie et de construction, un troisième de la confection des douves, et le quatrième de celle des aissantes. Rap-

---

(1) Page 101. On ajoute ici : *aidés de l'espèce de bataillon de défrichement et de travaux publics dont il sera parlé*. Je ne m'arrête pas à cela, puisqu'il faudra bien que ce *bataillon* lui-même soit *aidé* dans un temps ou dans l'autre.

(2) Même page.

pelons qu'un chantier d'exploitation de bois doit, à peine d'être réduit en peu de temps à l'inaction et à l'impuissance, se composer de 3/5 d'hommes et 2/5 de femmes. Les deux premiers ateliers de la Compagnie n'auraient donc ensemble que 42 travailleurs effectifs, et chacun des deux derniers que 21.

Abattre et équarrir se pratiquent pendant la belle saison, c'est-à-dire six mois de l'année; chaque mois de travail est de vingt-quatre jours, chaque jour de sept heures et demie, et la tâche par jour, pour l'abatteur, de vingt et un pieds cubes, et pour l'équarrisseur de quinze pieds, ce qui revient à sept pieds et demi cubes de bois équarri par homme et par jour.

Produit de chaque travailleur pour l'année de cent quarante-quatre jours, 1080 pieds cubes.

Produit de tout l'atelier pendant le même temps, 48,600 pieds cubes.

Les six mois de la saison pluviale sont employés au halage et au charroi des bois et se confondent, quant aux résultats, avec les six autres mois de l'année.

Les deux ateliers de douves et aissantes doivent abattre leurs bois avant de les mettre en œuvre, ils sont donc à l'égard du temps dans les mêmes conditions que les deux autres. La tâche d'un ouvrier en douves est de quatre-vingt-sept, et en aissantes de cent soixante-quinze par jour, ce qui, au bout de l'année de bûcheron, donnera pour les deux ateliers 263,088 douves et 529,200 aissantes (1). Une grande partie de ce bois serait consommée par la colonie, et le reste pourrait bien faire le chargement de deux navires.

---

(1) Ces calculs sont basés sur le tableau des *tâches* dressé par une commission de planteurs de la Guyane anglaise, au commencement de

Or, qu'on juge d'après les chiffres suivants à quel point le commerce américain devrait redouter une concurrence dont les moyens consisteraient en cette cargaison de deux navires. La Guyane anglaise seule, une de ces colonies étrangères sur le marché desquelles on a la prétention de se présenter, a reçu de l'Amérique du Nord, pendant les douze mois finissant le 1er octobre 1845 (1) :

6,591,000 pieds courants de sapin en planches et solives.
1,000,000 de douves de chêne.
3,123,000 aissantes de sapin et cyprès.

C'est quatre à cinq fois plus que la Compagnie n'en pourra, non pas exporter, mais fabriquer.

XII.

LA COMPAGNIE VEUT VOUER SES TRAVAILLEURS AU CÉLIBAT.

« La Compagnie aura un grand nombre de routes, de « canaux et de ponts à faire, à terminer et à réparer, il est « donc nécessaire qu'elle établisse un service à cet effet. Ce « service sera organisé à peu près militairement; on y ap- « pellera, par des salaires élevés et l'octroi d'une conces- « sion gratuite de terre défrichée, les hommes les plus

la période d'apprentissage en 1834, et approuvé par le gouverneur de la colonie, sir James Carmichael Smith.

(1) *Gazette royale* du 3 octobre 1845. — Les importations du district important de *Berbice* ne sont pas comprises dans ces chiffres.

« robustes et les mieux acclimatés. Un corps de cinq cents
« hommes ainsi employés fera beaucoup d'ouvrage (1). »

Pour l'exécution de ses fastueux projets, la Compagnie,
il ne faut pas l'oublier, n'a qu'une population rurale de
douze mille neuf cent soixante-quinze individus, dont six
mille huit cent trente sont du sexe masculin et six mille
cent quarante-cinq du sexe féminin. Ainsi, quand elle nous
parle d'un corps de cinq cents hommes, il faut entendre à
peu près deux cent soixante-cinq hommes et deux cent
trente-cinq femmes ; mais un atelier de deux cent soixante-
cinq hommes serait tout à fait insuffisant pour faire, ache-
ver et réparer les routes, les canaux et les ponts dont elle
annonce vouloir doter la Guyane. Il faut donc prendre à la
lettre ce corps de cinq cents *hommes* organisé militairement et lui adjoindre immédiatement un corps de quatre
cent quarante-cinq femmes, subdivisé et établi dans le voisinage immédiat des divers points où ces travaux seront
exécutés. Mais alors que deviendra la répartition de population déjà arrêtée pour les autres cultures (2) ?

Si la Compagnie entend ne pas s'arrêter à ces considérations et veut isoler ainsi des masses d'ouvriers mâles aussi
considérables, elle osera faire ce dont les planteurs les plus
ignorants et les plus durs s'abstiennent eux-mêmes, elle
prouvera que ses promesses de moraliser et civiliser les esclaves ne sont ni sincères ni sérieuses.

(1) Pages 101 et 102.
(2) Selon le tableau de la page 96.

XIII.

QUE FERA-T-ON DES FEMMES?

Le projet si détaillé et si explicite des colons se tait sur les sept mille deux cent trente-six personnes du sexe féminin aujourd'hui en servitude à Cayenne. La population de cette colonie n'y est désignée que par les expressions *les esclaves, les ouvriers, les travailleurs.* Il n'y est fait mention exceptionnellement des femmes que pour statuer qu'il sera fait une différence entre les tâches qui leur seront dévolues et celles qui seront dévolues aux hommes, en ce qui concerne le degré de *force* et de *labeur* qu'exigera leur accomplissement (1).

Ainsi, dans ce hideux établissement, l'homme sera une force motrice, soit 1.00, et la femme en sera une autre, soit 0.75. Là où les muscles de la femme trahiront ses efforts, les muscles de l'homme viendront prendre leur place, et la femme aussi qui, dans sa lassitude ou son désespoir, laissera la houe immobile sera envoyée à l'atelier de discipline. Si, dans cet atelier, elle se refuse encore aux exigences des surveillants elle sera déclarée *indigne du service de la Compagnie* et livrée aux geôles et aux ateliers de correction où le châtiment du fouet pourra lui être appliqué (2).

Honte! honte à ceux qui veulent perpétuer ces profanations barbares! ils sont une anomalie dans cet âge où tant

(1) Page 164.

(2) « Le fouet étant déjà en usage à la Guyane, il y aurait peut-être quelque témérité à le faire disparaître subitement du système pénal. » Page 188.

de droits sont reconnus, où tant d'injustices passées sont ré-
parées. Il est impossible qu'ils ne forment pas une solitaire
exception aux trois mille possesseurs d'esclaves de Cayenne.

XIV.

CE QU'IL FAUT ENTENDRE PAR L'ATELIER DE CONSTRUCTION NAVALE.

« Les embarcations propres au service colonial ne peu-
« vent pas être construites en France. Ces bâtiments, même
« ceux à vapeur, seraient de trop petite dimension pour
« traverser l'Atlantique. La Compagnie aura besoin cepen-
« dant d'un assez grand nombre d'embarcations à vapeur.
« Il importe aussi d'utiliser les matériaux de construction
« navale qui abondent dans les forêts. La Compagnie aura
« donc un atelier pour cela (1). »

Si on avait dit : nous utiliserons les vingt goëlettes atta-
chées au port de Cayenne et en construirons de nouvelles
de temps en temps, on aurait été dans le vrai et on aurait
parlé en Compagnie honnête, mais il fallait faire une phrase
de prospectus.

La prétention de vouloir construire sur place le petit
nombre de bateaux à vapeur dont la colonie aura besoin est
étrange et irréfléchie. Il est bien prouvé maintenant que
les seuls bateaux à vapeur propres à naviguer sur les rivières dont le lit est embarrassé de bancs de sable mou-
vants et sur des côtes dont le fonds est bas et vaseux,
comme le sont les rivières et côtes de la Guyane, sont des

(1) Page 102.

bateaux en fer, construits dans les ateliers de la métropole. La Guyane anglaise, affranchie depuis neuf à dix ans de l'esclavage, et qui n'a pas eu besoin des docteurs de la science sociale pour obtenir un haut degré de prospérité, possède plusieurs de ces navires. Ils ont pu en toute sûreté traverser l'Atlantique au moyen de la vapeur et d'une mâture temporaire. Ils font un service journalier, sont facilement manœuvrés, ont peu de tirant d'eau, nécessitent peu de réparations, et sont inattaquables par les vers de mer.

J'ai déjà montré ce que la Compagnie, dans les circonstances les plus favorables, pourrait faire en exploitation de bois avec ses quatre *vastes* ateliers de 82 travailleurs effectifs. Il est donc inutile de m'arrêter ici à démontrer que l'annonce de la création d'un atelier de construction navale pour l'approvisionnement en bois des grands chantiers maritimes de la France n'est pas sérieuse. C'est un des mille tableaux fantasmagoriques que la Compagnie s'est efforcée de présenter au Ministre avec l'intention peu respectueuse d'endormir sa vigilance.

XV.

ON CIVILISERA LES INDIENS (COMME A L'ORDINAIRE).

La Compagnie, et je l'attendais là, se propose de civiliser les Indiens de la Guyane (1). Il serait bien temps qu'on renonçât enfin à ces insincères protestations d'intérêt pour les naturels du pays. Ne sera-t-il donc pas possible d'attiédir un peu le zèle de tant de prétendus civilisateurs en

(1) Pages 108 et 126.

leur répétant à satiété que les Indiens, pauvres sauvages inoffensifs, sont heureux avec les vertus négatives de leur ignorance, tandis que nous civilisés, avec les vices très-positifs de notre science, nous nous agitons sans cesse dans les doutes de l'âme, les angoises du besoin ou la pléthore du superflu.

M. Noyer, dans le mémoire déjà cité, a écrit sur ce sujet quelques lignes que je livre à la méditation des futurs associés.

« On a fait jusqu'ici de vains efforts pour civiliser ces « nations aborigènes; dans des temps reculés les mission-« naires portugais ont opéré la fusion de la caste euro-« péenne et de la caste américaine dont les tribus étaient « répandues sur les bords de l'Amazone; mais ce phéno-« mène a été l'œuvre du temps, de la religion et du désin-« téressement! Certes, ce ne seront point des spéculateurs « avides de richesses et impatients d'arriver promptement à « la fortune qui, chemin faisant, s'amuseront à civiliser les « Indiens. »

XVI.

LE RÈGLEMENT DE TRAVAIL ÉCHAPPE A L'EXAMEN.

Discuter ce règlement serait une tâche sans utilité réelle et aussi fatigante pour l'écrivain que pour le lecteur. Conçoit-on, en effet, que la Compagnie, dont l'unique but est d'avoir pendant 15 ans au moins la disposition absolue et sans contrôle de 15 et, s'il est possible, de 20 mille travailleurs, et d'être pour un plus long terme encore substituée aux droits du domaine public dans la Guyane , conçoit-on que cette Compagnie affiche un règlement utopique dont les dispositions essentielles sont celles-ci (1) :

Division des travailleurs en 14 corporations industrielles.

Subdivision de ces corporations en compagnies.

Seconde division en communes pour les relations civiles et administratives.

Troisième division en familles en ce qui concerne les relations sociales.

Quatrième division en 4 catégories de mérite.

Création d'un syndicat par corporation.

Création d'un syndicat central à Cayenne.

Institution d'un système municipal pour chaque commune.

Nomination d'un conseil de famille par commune.

Conseil général de famille.

Attribution aux syndicats de la gestion des intérêts industriels.

Semblable attribution aux municipalités des intérêts civils.

Semblable attribution aux conseils de famille des relations sociales depuis la *propreté* jusqu'au *dévouement*.

Prière du matin et du soir en commun, obligatoire et *aussi brève que possible*.

Obligation à tous, de 7 à 60 ans, d'assister aux leçons des écoles.

Jury d'honneur pour décerner des récompenses.

Code moral pour ce jury (encore à faire).

Conseil de prud'hommes punissant les fautes et infractions au règlement de travail.

(1) Pages de 139 à 143, 174, 175, 184, 185, 186.

Encore une fois, exposer la charpente de ce code régle—
mentaire et ajouter que le législateur c'est le *colon*, et l'élé-
ment à constituer l'*esclave*, c'est prouver assez, sans qu'il
soit besoin de développements, que cette œuvre, enfant
avorton de la *théorie des quatre mouvements*, est indiscu-
table.

XVII.

DE QUELQUES MAXIMES DONT CE RÈGLEMENT EST ORNÉ.

« La liberté de l'état de civilisation n'est pas l'isolement de l'état
« sauvage (1). »

Si le premier venu débitait pareille sentence, on lui répondrait : Vous avez dit une naïveté. On ne peut dire cela
aux colons, car ils attachent à ces deux lignes un sens bien
déterminé, quoique voilé. C'est une accusation qu'ils pro-
fèrent contre les affranchis des colonies anglaises. On leur
a donné la liberté purement et simplement, et pendant le
travail de transformation, le gouvernement libérateur n'a
cessé de veiller paternellement sur les affranchis, de les
aider et les diriger. La Compagnie ne veut pas de ce mode
d'émancipation, il y va de ses 17 1/2 pour cent de revenu.
Vite donc en avant l'accusation cent fois répétée : les affranchis de 1838 sont tombés dans l'isolement de la vie
sauvage (2).

(1) Page 83.
(2) L'émancipation anglaise est attaquée dans bien d'autres passages
de ces mémoires. Réfuter toutes les assertions mal fondées de la Compagnie à ce sujet exigerait un volume.

« Dans l'ordre industriel, la liberté de l'homme civilisé ne con-
« siste pas à vivre sans travailler, ou bien à ne travailler que sui-
« vant son caprice et dans un intérêt personnel (1). »

Il s'agit sans doute ici de l'ordre industriel qu'on voudrait
établir dans la Guyane française ; car, dans l'ancien monde,
qui est suffisamment et même quelque peu trop industriel,
il est parfaitement libre à celui qui possède un héritage ou
que n'effraient ni le dépôt de mendicité ni les lois sur le
vagabondage, de vivre sans travailler. Il est de fait aussi
que celui à qui il plaît de se contenter de peu a pleine faculté de ne travailler que selon son caprice, et enfin que
tous les travailleurs du monde ne travaillent que dans un
intérêt personnel.

Mais ce n'est pas ainsi que les choses devraient se passer
dans la sublime république que la Compagnie veut fonder
sur les bords de l'Approuague et du canal Torcy. Là, tout
le monde, hommes, femmes et enfants de 7 à 60 ans devra
travailler du lever au coucher du soleil. Là le *caprice*, c'est-
à-dire le libre arbitre, est supprimé. Là le salaire ne sera
pas à la disposition de celui qui l'aura gagné, ce serait de
l'*intérêt personnel*, mais il s'évanouira sous l'action de neuf
retenues différentes. Quant au déficit, l'ouvrier sera parfaitement libre de le placer à la caisse d'épargne, et il se
consolera, en pensant qu'il a travaillé dans l'*intérêt général*.

« Si les forces sociales et civiles protégent l'homme isolé, celui-
« ci, en raison même de ce qu'il aura le sentiment de sa dignité,
« reconnaîtra qu'il est obligé à son tour de servir les intérêts gé-
« néraux de la société qui le protége (2). »

Cet homme isolé dont vous nous parlez, grands humani-

(1) Page 83.
(2) *Idem.*

taires, c'est peut-être le prolétaire indocile des populations serrées de l'Europe. Car s'il s'agit de l'esclave, vous perdez vos fleurs de morale et de rhétorique. Je ne sache pas que les forces sociales et civiles l'aient encore protégé. Quant à la protection que vous lui promettez, elle est encore dans les futurs contingents et dans le jeu impossible de votre système de syndicats, conseils de famille, jurys d'honneur et conseils de prud'hommes. Combien faudra-t-il de temps à cet esclave isolé pour qu'il acquière le sentiment de sa dignité? pourra-t-il l'acquérir jamais? Car vous l'entourez de tant de liens et de langes, qu'il fait l'effet d'une momie vivante à laquelle on n'a laissé que la faculté de mouvoir deux bras armés de la pioche, de la bêche ou de la hache.

« Si la masse de richesses, d'instruments de travail, de moyens « de puissance accumulés par une longue suite de générations « concourt au salaire que reçoit le travailleur et à la production « des objets qu'il consomme, le travailleur doit à son tour enrichir « la société par ses efforts (1). »

Cela ne peut encore évidemment s'appliquer qu'aux vieilles sociétés. Là, en effet, les capitaux et la puissance se sont accumulés par toutes sortes de moyens, *fair and foul*, entre les mains d'un certain nombre. La faculté du travail réside dans le reste de la masse. Les capitaux et autres moyens d'action ne peuvent fructifier que par le travail, et sans eux le travail serait impossible ou stérile. Il y a donc là, on peut le dire, obligation réciproque.

Mais dans la Guyane française, comme dans toute colonie à esclaves, l'accumulation des capitaux, des instruments de travail et de la puissance dans les mains d'une très-faible minorité, s'est opérée dans l'espace d'un peu plus ou d'un

____

(1) Page 84.

peu moins de deux siècles, et par des moyens violents et illégaux. Bien mieux, ces instruments de travail sont des hommes impieusement détournés de leur destination naturelle et qui ont forcément contribué à l'accumulation de la richesse et de la puissance de leurs détenteurs. Comment trouver dans de pareils éléments l'obligation, de la part des esclaves encore flétris des stigmates de leurs liens, de chercher de prime-abord à enrichir la société par leurs efforts?

« Régler le travail est une chose nécessaire dans toute colonie..
« Le point de départ de toute société primitive est un règlement de
« travail, et lorsque la société se fonde par voie de colonisation,
« le règlement reproduit la législation industrielle de la civilisation
« mère (1). »

Ces assertions sont si tranchantes qu'elles semblent repousser la contradiction, et cependant de quelles colonies et de quelles sociétés veut-on parler ici?

Il ne peut être question des colonies grecques et phéniciennes. La Compagnie des colons serait fort embarrassée de produire les conditions de leur organisation primitive.

Veut-on parler des colonies à esclaves, c'est-à-dire de la presque totalité des colonies que j'appellerai anciennes pour les distinguer de celles du Canada et de l'ouest des États-Unis? Mais il est faux qu'aucune d'elles ait eu pour point de départ un règlement de travail, à moins qu'on ne veuille honorer de ce nom les règles brutales que le maître, dans les élans d'un caprice stupide, établissait sur son habitation, que l'usage sanctionnait, et auxquelles le code noir est venu depuis donner la consécration.

Fait-on allusion aux nouveaux établissements de l'ouest des États-Unis, du haut Canada, de l'Australie et de la Nouvelle-Zélande? En tous ces pays la colonisation ne s'est

(1) Pages 133 et 134.

pas faite autrement que par l'immigration volontaire des familles sur des terres concédées par les gouvernements, moyennant de certaines conditions de défrichement graduel (1), terres dont l'immigrant, une fois installé, a tiré par son travail, celui de ses enfants, de ses associés et de ses serviteurs le meilleur parti qu'il a pu; nulle part, dans ces colonies, l'immigrant n'a été soustrait à la protection bienfaisante du droit commun.

Ainsi l'inévitable règlement de travail, dont parle la Compagnie, est une abstraction de son invention à laquelle elle veut attribuer une existence passée pour mieux lui assurer une existence à venir qu'elle n'aura jamais, s'il plaît à Dieu.

« La société française ne connaît que deux classes de personnes, « les *propriétaires* et les *non-propriétaires*..... La Compagnie « n'admet pas d'autres distinctions parmi les habitants (2). »

On voudrait se mettre sous le patronage respectable de la société française. Cette société ne voudra pas prêter un coin de son manteau pour abriter aucune jonglerie industrielle.

Et d'abord avança-t-on jamais plus grosse hérésie ? La société frauçaise ne connaît que les propriétaires et les non-propriétaires ! Cela est peut-être vrai de cette section de l'administration des finances appelée *contributions foncière et mobilière*, mais c'est absolument faux sous tous autres rapports. La société française reconnaît une infinité de classes sans égard pour le fait de propriété ou non-pro-

(1) Il y a eu en Angleterre les compagnies de *Swan River* et de *North America;* mais elles n'ont été que des intermédiaires entre le gouvernement et les Émigrants. Que la Compagnie des colons de la Guyane se constitue sur les mêmes bases, et elle aura l'approbation de tous les partisans de la vraie colonisation; pourvu, bien entendu, que l'abolition soit le prélude de l'entreprise.

(2) Page 136.

priété. Les savants, les artistes, les écrivains, les employés d'administration, les militaires, les magistrats, les médecins, le clergé, les nobles même ne forment-ils pas autant de classes différentes, et si une partie des individus qui les composent est propriétaire de terres ou de meubles, une autre partie, plus nombreuse peut-être, ne vit-elle pas au jour le jour des émoluments que fournissent le savoir, le talent, le travail manuel mais élevé, les fonctions rétribuées?

Est-ce une raison de confondre ces classes d'élite avec celles du manouvrier et du prolétaire, et d'en faire un amalgame hétérogène sous la désignation de *non-propriétaires?* Mais la Compagnie en posant ces principes étranges est conséquente. Elle ne voit dans la colonisation de la Guyane qu'une affaire industrielle, et dans l'émancipation qu'une des exigences désagréables de cette affaire. Pour elle, tout dans ces deux questions se formule en chiffres. Les signes + et − sont ses symboles ; + signifie le capital colonial et la garantie de 4 p. $^{0}/_{0}$ par l'État ; − c'est l'esclave émancipé et même engagé.

XVIII.

A la lecture de ces mémoires, si l'on se fait cette question : qu'est-ce que le travail volontaire selon la Compagnie? on ne peut se répondre autre chose que ceci : c'est le travail forcé, selon le bon sens (1).

(1) Le conseil colonial de la Guyane a, dans sa délibération déjà mentionnée, proclamé que le travail libre serait matériellement impossible avec la population actuelle seule.

Supposons qu'il s'agisse d'appliquer les dispositions du règlement à un esclave employé à l'une des cotonneries de l'Iracoubo. Il a trente ans, est vigoureux et bien acclimaté, il aime la culture du coton, la sait bien, ne voudrait pas y renoncer pour celle de la canne à sucre et pour les travaux de terrassements et de canaux, dont il connaît toute la dureté.

Cependant, à son insu, sans qu'on ait daigné lui en dire un mot d'avance, et encore moins sans qu'on ait consulté sa *volonté*, il s'est opéré une révolution immense dans sa destinée. Un matin, son maître ou un délégué de la Compagnie lui lit une proclamation ou un ordre du jour, d'après lequel il n'est plus esclave et devra cependant quitter immédiatement la cotonnerie pour être transféré sur une usine sucrière centrale et y être employé, pendant quinze ans, à raison de trois cent dix journées par an et neuf heures de temps par journée.

Supposons encore que cet esclave, fin et raisonneur comme ils le sont tous sur la question de liberté, dise : Je ne suis plus esclave, vous m'en donnez l'assurance, merci, vous êtes un bon maître. Je suis donc libre. Vous me dites qu'il faut que je continue de travailler. J'aurais cependant bien voulu me reposer un peu, car, depuis mon enfance, vos surveillants m'ont sans cesse imposé le travail. Toutefois, je veux bien subir la condition du beau présent qui m'arrive. Je veux bien travailler. Mais entendons-nous : je me trouve assez bien à Iracoubo, j'y ai des amis, je suis sur le point de m'y marier. Changer de nature de travail dérangerait mes habitudes et nécessiterait un nouvel apprentissage. D'ailleurs, je serais un grand sot d'aller à Approuague y faire ce que je ne sais pas et ce qui me répugne, au lieu de rester ici où je puis gagner ma vie. Allons, faisons nos arrangements. Vous savez que je ne suis pas méchant.

Vain bavardage d'esclave affranchi ! *Cupidon*, lui répondra le maître(on donne toujours aux esclaves des noms ridicules pour les avilir), vous parlez comme un ultra du parti aboli-tioniste et vous vous *payez de vaines abstractions.* Nous avons à cœur de vous amener à la véritable civilisation et à la véritable liberté en vous occupant des cultures et des industries favorables au grand commerce. A cet effet, nous avons adopté des *mesures préventives* et des institutions d'*ordre et de prévoyance* qui appartiennent toutes à un ré-gime d'*actes volontaires* et *raisonnés*, et d'habitudes sociales régulièrement *consenties* et *contractées* (1).

Si l'esclave pouvait comprendre ce fatras et avait son franc parler, il répondrait : Vos mesures préventives sont pires que le fouet de vos surveillants ; j'aime mieux continuer d'obéir par force que de faire volontairement en abstraction des ac-tes que ma volonté repousse en fait. Esclave je suis né, es-clave je resterai jusqu'à ce qu'il plaise à la Providence de briser mes liens sans y mettre tant de science.

XIX.

COMMENT LE TRAVAIL SERAIT RÉMUNÉRÉ.

Nous savons à quoi nous en tenir sur le travail volontaire. Recherchons ce que serait le travail rémunéré.

La Compagnie, préoccupée surtout de prouver qu'elle fera ce qu'elle n'a pas l'intention de faire, procède ainsi :

Elle cherche d'abord à établir l'absolue nécessité de pros-crire à la Guyane la concurrence en matière de salaire, d'en évaluer d'avance le minimum et de fixer un prix pour *cha-*

(1) Pages 210 et 211.

que chose, c'est-à-dire pour les objets manufacturés et de consommation dont elle se réserve le monopole.

A la suite d'une série de combinaisons et *sous la condition qu'elle gagnera* 17 1/2 *pour* 100, la Compagnie arrête le montant du salaire à 60 centimes par jour, puis en grande hâte s'occupe à en déterminer l'emploi spécial, attendu, dit-elle, que c'est là le seul moyen d'assurer au travailleur l'aisance ou même une satisfaction suffisante des principaux besoins de la vie physique et de la vie civile (1).

Elle établit d'abord que la dépense nécessaire à l'entretien d'un noir esclave à la Guyane s'élève aujourd'hui à 48 centimes par jour, et fait observer que le salaire accordé par elle sera de 12 centimes plus élevé, ajoutant d'un ton pénétré qu'il lui est imposé de mieux traiter ses travailleurs que des esclaves (2).

Suit l'énumération des merveilleux moyens que donne la force de cotisation, pour obtenir de grands résultats, si bien que, grâce aux contributions à la *masse totale*, la *masse corporative*, la *masse individuelle*, la *cotisation quotidienne*, la *cotisation hebdomadaire*, la *cotisation bi-mensuelle*, la *cotisation mensuelle*, etc. (3) les 60 centimes sont épuisés, il n'en reste rien, et c'est ainsi que l'ouvrier est rémunéré.

Que signifient toutes ces momeries, si ce n'est que la Compagnie nourrira, logera, entretiendra et soignera en temps de maladie, tant bien que mal, ses serfs de 15 ans, tout comme les planteurs le font aujourd'hui à l'égard de leurs esclaves.

La moyenne des salaires journaliers des grands travaux d'agriculture est en France d'à peu près 1 franc 80 cent. Là, le climat est modéré et sain, les méthodes et les procé-

(1) Page 168.
(2) Page 169.
(3) Page 171.

dés faciles et uniformes ; là, l'ouvrier a le choix du genre
de travail qui lui plaît et de la localité qu'il préfère sur une
étendue de neuf degrés en latitude et de onze degrés en
longitude. Dans la Guyane alluvionnaire au contraire, pays
où les travaux de culture des denrées exportables sont généralement durs, où l'exposition alternative au soleil et à
l'humidité engendre des maladies terribles, où le climat in-
vite invinciblement au repos, où enfin l'ouvrier n'aura ni la
faculté de locomotion, ni le choix dû travail, cet ouvrier ne
recevra que le *tiers* de ce que reçoit son frère d'Europe.

J'ai dit *recevra*, il faut me hâter d'effacer ce mot, l'ouvrier ne recevra rien. Le salaire sera payé toutes les se-
maines à un fonctionnaire de ce bazar d'industrie coloniale
appelé *caissier de corporation* (1), c'est-à-dire que la Compagnie fera passer de sa main droite dans sa main gauche
les 3 francs 60 centimes de chaque travailleur, et le tour
sera fait.

Quant à ce dernier, on lui octroiera les vieilles rations
d'esclave valant moyennement 48 centimes par jour, et les
12 centimes de surplus feront face à une série de retenues
destinées à subvenir aux frais de loyer, de service religieux,
d'éducation, d'impôt, d'épargnes, de mariage, d'institutions de bienfaisance (2).

La monnaie courante de ce pays de cocagne sera le *cen-
time de billon* (3) ; elle n'arrivera jamais jusqu'au rémunéré
et il ne la connaîtra que de nom.

Et c'est ainsi qu'il existe une compagnie en germe qui,
nous montrant l'esclave ainsi tenu à la gêne au milieu de ce
système odieux de tutelle et de contrainte, ose nous dire qu'il

(1) Page 165.
(2) Page 171.
(3) Page 164.

sera libre, travaillera volontairement, sera rémunéré équitablement et récupérera sa dignité d'homme.

XX.

LES ANCIENS ESCLAVES NE POURRONT DEVENIR PROPRIÉTAIRES DE TERRES.

Sur cette question comme sur celles que nous avons déjà passées en revue, la bonne foi de la Compagnie brille du plus vif éclat.

On le sait, elle demande comme condition *sine qua non* d'être mise en possession du domaine de l'État. En effet, son intention étant de retenir tous ses ouvriers sur les grandes cultures, il faut qu'elle ait en son pouvoir de les empêcher de faire toute autre chose.

Cependant elle connaît son rôle de loup en costume de berger et n'affiche pas ouvertement cette intention.

« Ce qui favorise éminemment la liberté, écrit-elle, c'est
« que la faculté de posséder soit accordée à tous, la terre
« sera donc vendue au petit cultivateur à des prix équita-
« blement fixés par une décision du conseil de la Compa-
« gnie (1). »

Et de suite elle fixe le minimum du prix de ces ventes à faire au petit cultivateur à la somme capitale de 2,800 fr., en stipulant que l'étendue de chaque lot sera telle que l'acheteur ou le père de famille ne puisse pas le cultiver

---

(1) Pages 143 et 144.

par ses seules forces, et qu'il réunisse la double qualité de propriétaire et d'entrepreneur (1).

Or, le petit cultivateur, sans parler du capital supplémentaire qu'il lui faudrait pour être entrepreneur, aurat-il jamais pu amasser un pécule de 2,800 francs ? Non, sans doute, et il suffit pour s'en convaincre de parcourir le chapitre de la dotation et celui du salaire.

La Compagnie dote l'esclave, et elle fait de cela grand bruit, d'une somme de 150 francs (2), et comme dans tous ses actes elle ne procède que par retenues, elle retient sur cette dotation 40 francs pour première dépense d'équipement et 70 francs pour première dépense d'entretien. Il reste donc 40 francs qu'elle *retient* aussi pour les placer en épargne au profit du doté, ci. . . . . 40 fr.

Cette mise est supposée doubler en vingt ans. . 40

Dans l'hypothèse où ses revenus excéderaient les 4 0/0 dont elle postule la garantie, la Compagnie accorde aux travailleurs un dividende de 1/4 dans cet excédant (3), et sans désemparer, évaluant ses revenus annuels à 17 1/2 pour cent, elle trouve que ce dividende s'élèverait à la somme énorme de 1,607,409 francs pour 15,000 ouvriers (4). Y a-t-il bonne foi à présenter comme probables des résultats aussi fabuleux, et ceci ne tombe-t-il pas sous l'action sévère de l'article de nos codes, qui défend de séduire autrui par l'appât de profits exagérés et imaginaires ?

A reporter. . . 80 fr.

(1) Page 146.
(2) Page 150.
(3) Page 157.
(4) Tableau, page 163.

Report.. . . . 80 f.

Quoi qu'il en soit, pour arriver à une conclusion équitable de la question qui m'occupe ici, je prendrai la liberté de faire descendre ce thermomètre de revenus à une température un peu plus modérée, à 8 pour cent, par exemple, bien que je regarde ce chiffre comme tout aussi improbable que celui de 17 1/2.

A ce taux le 1/4 pour cent des 15,000 ouvriers ne serait plus que de 734,800 francs annuellement, ou pour chacun d'eux, en nombre rond, 49 francs. Vingt dépôts de ce dividende monteraient à.. . . . 980

Dont l'intérêt simple et graduel, pendant vingt ans, serait de.. 490

Total du pécule, au bout de vingt ans.. . . . . 1550 f.
Déficit.. . . . . 1250 f.

2800 f.

Encore ai-je admis que la totalité des parts de dividendes serait portée scrupuleusement au crédit de l'ouvrier ёt qu'il n'en disparaîtrait rien sous l'action de la pompe aspirante des retenues.

Je veux bien encore renoncer au bénéfice de ces calculs et supposer que l'ouvrier doué d'assez de force et d'ardeur ait travaillé nuit et jour, et soit parvenu à amasser 2800 fr. La Compagnie, qui ne veut pas se dessaisir d'un si bon *instrument de travail*, lui dira : Nous ne pouvons, dans cette localité, vous vendre qu'un double lot de 5,600 francs; or, vous ne pourriez le cultiver par vos seules forces, vous ne pouvez donc acheter; ou bien : Le terrain que vous demandez n'est propre qu'à la culture des vivres, et vous savez que la Compagnie s'est réservé exclusivement cette culture, vous ne pouvez acheter.

Mais quel besoin aura la Compagnie, seule propriétaire de la Guyane et ne craignant pas la concurrence, de chercher des prétextes pour s'excuser de vendre ? Ordinairement elle se contentera de répondre à l'ouvrier économe : Nous ne vendons pas en ce moment ; et il ne restera à ce dernier d'autre parti à prendre que d'aller s'atteler de nouveau au joug du travail *libre* et *rémunéré*.

XXI.

LA COMPAGNIE INTERDIT A SON PEUPLE LA CULTURE DES SUBSTANCES ALIMENTAIRES.

Plusieurs gouvernements se sont réservé le monopole exclusif de la culture et du commerce du tabac. Si cette entrave avait un motif purement sanitaire, il faudrait y applaudir sans réserve. Réduite à ses conséquences fiscales, elle est encore bonne à quelque chose ; en effet, puisque les populations se sont si fort passionnées pour cette feuille empoisonnée qui les stupéfie et les remplit de souillures, il n'est pas déraisonnable d'en pouvoir contrôler la production et la valeur mercantile ; d'ailleurs, cet impôt donne aux gouvernements de plus puissants moyens pour la création et le maintien des institutions d'ordre et de moralité publique.

Mais quel pacha ou quel autocrate a jamais rendu un édit pour défendre au peuple de semer du grain, des haricots, des pois, des pommes de terre et des navets ?

Eh! bien, la responsabilité de cet acte de pouvoir en démence n'effraie pas la Compagnie des colons. Après avoir
exposé que les vivres, c'est-à-dire la banane, le manioc,
l'igname, le maïs, ont toujours été à un prix trop élevé dans
la Guyane, qu'il est urgent d'adopter une mesure pour en
augmenter la production (1), elle finit par déclarer que dans
son futur empire la culture des vivres sera interdite aux
petits cultivateurs (2).

Par petits cultivateurs il ne faut pas seulement entendre
le faible nombre d'affranchis auxquels la Compagnie fera des
concessions de terre, mais surtout la masse des cultivateurs
libres aujourd'hui et qui vivent du produit de leur travail.
Il faut entendre aussi les immigrants futurs auxquels il ne,
sera fait de concession qu'à la condition de cultiver exclusivement la canne à sucre et autres denrées exportables.

Que la Compagnie soit logique en adoptant une disposition si exorbitante, c'est ce qu'on ne peut contester. Elle
veut s'emparer de la Guyane pour la convertir en une grande
ferme de produits propres à figurer sur les marchés français. Elle doit non-seulement fixer l'appropriation de toutes
les terres à des cultures déterminées, mais encore avoir le
contrôle du genre de travail du plus pauvre de ses serfs futurs. Mais tout en concédant que cette prohibition est un
corollaire forcé du principe de cette association, il n'en
reste pas moins établi que si ce principe recevait la sanction
de l'État, il y aurait une grande province tropicale de la
France dans laquelle la culture des denrées de première
nécessité, des denrées qui peuvent faire subsister le plus

(1) Comment concilier cette prétendue rareté des vivres à la Guyane
avec le chiffre de 4,942,950 francs pour 1836, et celui de 3,508,415 pour
1840, que la Compagnie adopte pour servir de base à l'évaluation des
revenus de 1847?

(2) Page 147.

faible par un travail modéré, le seul travail qui attache à
la terre, serait absolument interdite à une population d'environ vingt mille individus.

Et la Compagnie, à l'image des harpies de la fable, salit
le bien dont elle interdit aux autres la jouissance. Elle es-
saie de flétrir la culture des substances alimentaires dans la
Guyane, en disant qu'elle sera réservée aux condamnés de
l'atelier de discipline (1).

XXII.

LA COMPAGNIE EST IMPARTIALE JUSQU'A L'ABNÉGATION.

« Toute personne *propriétaire*, vivant de son revenu sur
« le territoire de la Compagnie n'est tenue à aucune obliga-
« tion quant au travail. Les personnes de cette classe *seront*
« par cela même *placées en dehors des droits, avantages et*
« *garanties que la Compagnie assure à ses fonctionnaires* » (2).

Les plus sévères législateurs n'auraient pas mieux fait, et
il est bien à craindre que cette dure disposition n'excite le
plus vif mécontentement chez ces pauvres propriétaires
vivant de leur revenu; on ne se voit pas ainsi tranquille-
ment exclus de tant de superbes droits, avantages et garanties.

Mais la Compagnie des colons veut être intègre avant tout,
au risque de voir les propriétaires vivant de leur revenu, si

(1) Elle s'exprime à ce sujet sur le ton de la bonhomie la plus placide.
« L'atelier de discipline, est-il dit page 148, sera particulièrement employé à la culture des vivres. Cette destination détournera les travailleurs
émancipés de la prédilection qui pourrait les porter de ce côté. »
(2) Page 136.

rigoureusement traités par elle, refuser de souscrire à son projet.

XXIII.

LA COMPAGNIE RÉCOMPENSE LES BONS ET PUNIT LES MÉCHANTS.

Sans prétendre que sa mission soit divine, la Compagnie ne serait pas fâchée qu'on le crût; non contente de promettre des récompenses, elle s'arroge le droit de punir.

En quoi consisteront les récompenses, on ne le dit pas; tout ce qu'on nous laisse savoir c'est qu'elles seront décernées par un jury d'honneur nommé par la Compagnie et par l'État, car elle traite de puissance à puissance.

Réduit à conjecturer, je présume qu'elles seront en tous points dignes de la générosité avec laquelle nous avons vu que la Compagnie rémunérera le travailleur. Ainsi, celui qui dans l'année aura fourni 310 journées complètes de travail, sera promu de la 3me à la 2me classe; celui qui aura fourni le même nombre de tâches passera de la 2me à la 1re. Enfin, celui qui aura fourni le plus grand nombre de tâches au delà de 310 sera proclamé *travailleur d'élite*.

La Compagnie, tout en récompensant le mérite, ne dépensera donc pas un seul de ses centimes de billon et aura chance d'accroître ses revenus.

Le règlement est plus explicite à l'égard des peines : il y en aura de morales, de pécuniaires et de corporelles.

Les peines morales ne rapportant rien, il sera essentiel que leur infliction ne fasse pas perdre de temps au coupable. Elles consisteront sans doute à le faire passer d'une classe supérieure à une classe inférieure, à publier son nom dans des ordres du jour, à le priver de la faculté d'être promu à quelqu'une des fonctions de la hiérarchie phalanstérienne.

Les peines pécuniaires n'ont pas besoin d'être commentées. Le délinquant sera privé de son salaire, c'est-à-dire, mis au régime de la farine de manioc ou de maïs et de l'eau.

Les peines corporelles consisteront dans les travaux forcés de l'atelier de discipline. Ces peines, dit sévèrement le rédacteur du projet, devront être dures et *elles le seront* (1).

Quel crime aura-t-on commis pour être envoyé à ce terrible atelier de discipline? Le seul crime que puisse reconnaître la morale socialiste de la Compagnie, la paresse; et, chose édifiante, le but de cette association est tel que son intérêt bien défini et bien évident est de voir l'atelier de discipline se développer sur les plus vastes proportions possibles, puisqu'elle a beaucoup de travaux de défrichement à faire, que dans cet atelier le salaire sera réduit du tiers, et la journée de travail sera de 12 heures (2), et qu'à l'ombre du mot discipline, les ouvriers y seront exposés aux traitements les plus arbitraires.

Croirait-on que la Compagnie, pour se justifier de s'arroger le pouvoir disciplinaire, cherche à établir une similitude entre l'esclave forcé de travailler pour elle pendant 15 ans, et le commerçant libre, soumis par nos lois à la juridiction des tribunaux de commerce. Le plus délié casuiste des siècles passés n'aurait pas désavoué le morceau suivant de cas de conscience coloniale.

(1) Page 187.
(2) *Idem.*

« La condamnation au travail dans l'atelier de discipline
« est à la vérité une peine corporelle, mais le droit de con-
« damner par corps en matière commerciale est placé
« même en Europe dans la compétence des tribunaux con-
« sulaires, et, sans forcer l'analogie, ne peut-on dire que
« l'engagement *pris par l'ouvrier* envers la Compagnie est
« un *engagement commercial* tout comme la réclusion dans
« l'atelier de discipline est *une contrainte par corps* » (1).

Oser comparer l'asservissement forcé de l'esclave pendant
15 ans à l'engagement contracté par le commerçant qui
charge et expédie des navires ou exploite une mine dans
quelqu'un de nos bassins houillers ; oser établir un pa-
rallèle entre la détention pendant 3 ans dans un hôtel bien
aéré en été, bien clos en hiver et toujours ouvert aux jouis-
sances du luxe, et la réclusion dans les bagnes d'un atelier de discipline au milieu des marécages et des savanes de
la Guyane ; c'est montrer qu'on croit parler à une tourbe
ignorante et idiote, c'est pousser la prostitution de la raison
à ses dernières limites.

* * *

XXIV.

LA COMPAGNIE EXIGERA SERMENT D'ALLÉGEANCE
DE SES QUINZE MILLE VASSAUX.

Il fallait bien qu'une idée bizarre servît comme de
couronnement à toutes les froides excentricités de ce
projet.

(1) Page 186.

La Compagnie, feignant de croire que la liberté civile dont elle se propose de gratifier les esclaves a quelque valeur et qu'il est important qu'avant de la recevoir ils soient moralement assez développés, indique une précaution *bien simple* à prendre pour s'en assurer. Il s'agit de faire prêter au nouveau libre serment de fidélité au Roi, aux lois et aux ordonnances de la colonie. *Le règlement de la Compagnie sera compris de fait dans ce serment*, et cela sera expliqué à l'esclave assermenté (1).

Lorsqu'il s'est agi de disposer de quinze années de l'existence des esclaves on les a considérés comme mineurs et incapables, on a prononcé le huis-clos et l'on s'est adressé au gouvernement, leur tuteur naturel, pour tâcher d'en obtenir toutes sortes d'usurpations aux droits de ses pupilles. La délibération est close, la servitude est continuée de quinze ans, on ouvre les portes et on appelle les esclaves un à un pour leur faire prêter serment à un règlement qui les mutile. Hier ils n'étaient pas assez intelligents pour qu'on les consultât, aujourd'hui leur esprit s'est ouvert miraculeusement à l'appréciation des subtilités de conscience, et ils connaissent pleinement *le degré de sainteté du serment religieusement prêté* (2).

Les auteurs de ce projet disent que leur assertion au sujet du serment pourra paraître paradoxale. Ils savaient bien cependant que paradoxale était un mot trop doux et n'était pas celui qu'on appliquerait à cette assertion.

(1) Page 192.

(2) Page 192. — Du reste, le Conseil colonial a osé dire, dans sa délibération du 19 janvier 1841 : « La race africaine, par sa tendance anti-sociale, n'a de penchant que vers le retour à l'état de barbarie. »

XXV.

LES PROPOSITIONS DE LA COMPAGNIE SONT INACCEPTABLES. POURQUOI?

Il faut clore cette revue déjà trop longue, et laisser à une plume plus patiente le soin d'exposer tant d'autres maximes erronées, fausses promesses, usurpations déguisées, calculs décevants, faits imaginaires, dont fourmillent les mémoires de la Compagnie.

Le vice radical de ce projet, c'est qu'il remet aux colons le soin de préparer pendant quinze ans leurs esclaves à une émancipation définitive. Celui qui possède ou a possédé des esclaves est à jamais incapable de concourir à l'exécution d'aucune mesure légale ayant pour but, soit d'améliorer leur condition, soit de leur rendre la liberté. Cette incapacité n'est pas spéciale, elle s'étend à d'autres actes essentiels de nationalité, car, depuis plus d'un demi-siècle que s'agitent en France les grandes questions d'émancipation des classes populaires, le colon, malgré sa qualité de Français, malgré ses jaloux regrets de voir tout se rénover, tout changer sans lui dans la mère-patrie, n'a jamais pu prendre une part active à nos grands événements, parce que, comme l'homme qui a failli en secret, il se sentait indigne, il craignait qu'on ne lût sur son front : *possesseur d'esclaves !*

L'État ne voudra pas, espérons-le, passer sur cette fin de non recevoir. Il répondra au colon : « Vous n'avez pas qualité. »

M. Ronmy a démontré que le plan financier sur lequel reposent les propositions de la Compagnie est une inanité dans son ensemble. Cette démonstration est basée surtout sur l'exagération du chiffre des vivres comme revenus, et sur la non-existence de capital. Les autres éléments de revenu ont-ils plus de réalité? Je crois avoir prouvé que leur évaluation avait été entièrement arbitraire. Que devient donc ce projet si la condition essentielle de sa mise à exécution, les moyens financiers, lui font défaut?

La Compagnie veut être substituée à l'État pour l'exercice des droits domaniaux. La Compagnie, ce serait l'État. D'autre part l'État serait aussi dans la colonie par son gouverneur et tous les pouvoirs judiciaires, administratifs, et militaires. N'y aurait-il pas là les germes de graves conflits et de désordres déplorables dans la police générale du pays?

Dans le cours de son règlement la Compagnie fait fréquemment allusion à certains actes auxquels son concours et celui de l'État seraient nécessaires. Est-il bien digne de l'État d'avoir sans cesse pour collaborateur une Compagnie qui, après tout, n'est qu'une entreprise commerciale anonyme dont on ne s'occupe que pour la surveiller après avoir approuvé ses statuts?

Les parties excentriques du règlement que je me suis cru en droit de regarder comme sentant le phalanstère peuvent avoir une certaine valeur théorique, mais il leur manque l'autorité de l'expérience. Serait-il juste, serait-il généreux de jeter à la Compagnie, comme vile matière expérimentale, quinze mille esclaves qui attendent avec anxiété qu'on leur rende la liberté, ou du moins qu'on adoucisse leur sort?

L'égide derrière laquelle s'abrite la Compagnie, pour motiver les restrictions et les rigueurs de son régime projeté à l'égard des esclaves, c'est la nécessité de régler et organiser le travail. La question de l'organisation du travail, au point de vue général, est si inaccessible qu'on est tenté de douter s'il est opportun de l'agiter sérieusement aujourd'hui. En France, du moins, on convient que si le travail peut être organisé, ce doit être dans l'intérêt de l'ouvrier comme dans celui du maître. La Compagnie des colons n'est pas si scrupuleuse, elle a tout accordé au maître et n'a donné à l'ouvrier que des conseils de famille et des conseils de prud'hommes. Le gouvernement, nous devons le croire, ne voudra pas sanctionner cette organisation moqueuse.

Que découvre-t-on dans le règlement de la Compagnie, après avoir habitué son regard aux ténèbres du brouillard de science sociale au milieu duquel elle l'a laborieusement enfanté? 15,000 hommes et femmes (1), divisés en un petit nombre d'ateliers, travaillant forcément toute l'année sur des localités et à des cultures dont ils n'ont pas le choix, et cela pour la nourriture et l'entretien en nature, le logement et une maigre pitance en instruction élémentaire et religieuse. Cet état de choses, lourd et invariable, dure quinze ans, pour que le colon, dont cela dérange un peu les habitudes, ait le temps d'amasser un capital équivalent à l'évaluation qu'il donne aujourd'hui à sa propriété. Est-ce là une émancipation telle que l'État doit la vouloir?

Et le travail de colonisation comment progresse-t-il pendant ce temps? où sont les bourgs, villages, hameaux et fermes, qu'un régime mitigé de liberté ne manquerait pas de faire surgir de toutes parts? où est ce mouvement commercial et d'échange qui relierait entre eux ces établissements nouveaux et donnerait au pays l'aspect de la vie et de la santé? où sont enfin les hardis pionniers, éclaireurs de la civilisation, plantant leur tente sur les bords des rivières inexplorées et qui coulent aujourd'hui dans le silence de la solitude? Au lieu de cela, je vois quelques exploitations

(1) En 1840, la population esclave de la Guyane était de 15,285 : dans les villes et bourgs, 2,310; sur les habitations rurales, 12,975. — Voir page 157 de la notice statistique.

centrales auxquelles sont attachés de cent cinquante à cinq
cents automates vivants., privés de toute spontanéité d'action et dont tous les actes s'opèrent sous l'influence du
chronomètre.

Quant à l'immigration dans ce pays pétrifié, elle sera impossible. D'où viendraient les immigrants?

De l'Inde? Mais jamais le gouvernement anglais ne
permettra aux *coolies* d'aller dans un pays où l'esclavage
existe déguisé et où ils ne seraient pas libres en arrivant
de choisir une profession, une industrie, un employeur, une
localité. Ce sont, aujourd'hui, les conditions essentielles
de l'immigration. Et les *coolies*, eux-mêmes, qui, maintenant, sont bien au courant de leurs droits, ne consen-
tiraient jamais, quelles que fussent les dispositions de leur
gouvernement, à aller à Cayenne pour se faire immatri-
culer sur les contrôles d'une Compagnie si peu libérale.

D'Afrique? On ne peut ignorer que les noirs qui ont émi-
gré à la Jamaïque, à Trinidad et à Demerary, ne l'ont fait
qu'après avoir reçu les garanties les plus positives d'être
mis, à leur arrivée, sur le même pied d'indépendance que
les habitants du pays eux-mêmes, et que cette condition a
été scrupuleusement remplie par les gouvernements de ces
trois colonies.

De Madère? Ce serait démence d'attendre de là des immigrants. Il se passe aujourd'hui ce fait caractéristique : les
habitants nécessiteux de cette île et de l'archipel voisin,
ayant appris avec quelle libéralité les immigrants de toutes
nations sont reçus et traités à Demerary et dans les autres
possessions anglaises, se montrent tellement empressés à
s'y rendre que le gouverneur de Madère a cru devoir exiger,
de toute personne s'embarquant dans le port de Funchal
pour ces possessions, un droit de sortie de 8 dollars ou 43 fr.
par tête. Eh bien! cette entrave n'a pas eu l'effet de ralentir

l'émigration. Pourquoi ces populations montrent-elles tant d'ardeur à se déplacer ainsi ? C'est qu'elles obtiennent un double résultat : elles se soustraient à un gouvernement arbitraire et bigot pour aller vivre sous une législation large et généreuse qui leur permet d'exercer l'industrie de leur choix, d'acquérir la propriété foncière et d'user librement de tous les droits civils, et même des droits politiques s'ils le désirent.

Ainsi, la Compagnie projetée des colons de la Guyane française,

N'ayant pas qualité pour s'occuper du sort des esclaves,

Étant insolvable, même avant d'être constituée,

Voulant usurper les droits souverains et compromettre la sûreté de la colonie,

N'offrant que de vagues théories comme moyens d'exécution,

Ayant en vue de monopoliser à son profit le travail des esclaves pendant quinze ans, au lieu d'effectuer leur émancipation,

Ne devant enfin ni coloniser la Guyane, ni y attirer l'immigration,

N'est pas l'agent auquel le gouvernement français doit confier la tâche difficile de civiliser et développer cette importante possession.

NOTE SUPPLÉMENTAIRE.

Une publication faite par la future Compagnie des colons dans le *Journal des Débats* du 30 décembre 1845 doit donner lieu ici à quelques réflexions.

Ce morceau a le titre suivant :

GUYANE FRANÇAISE. *Conseil colonial, troisième législature; Session ordinaire de 1845, séance du 31 mai; Rapport sur le projet de colonisation présenté par MM. de Saint-Quantin, Sauvage et Lechevalier.*

Or, la commission chargée de l'examen de ce projet est d'avis, par l'organe de M. Vidal de Lingende, son rapporteur, que, « sans s'occuper de la forme de l'association et « du mode de travail et d'administration qui la suivront, « forme et mode qui seront réglés par les colons intéressés « dans l'association, avec le concours du gouvernement,

« Il y a lieu de *prier le gouvernement* du roi de prendre « en sérieuse considération et de *présenter à l'adoption des* « *colons* le projet de MM. de Saint-Quantin, Sauvage et « Lechevalier, auquel a adhéré M. le délégué de la Guyane « française, sur les bases uniques et *invariables* sui- « vantes, etc., etc. »

Et, à la suite de ce rapport, huit personnes intéressées dans la possession des esclaves déclarent adhérer aux conclusions de la majorité de la commission.

A la lecture de cette pièce étrange on se demande d'où elle vient et ce qu'elle veut.

M. Vidal de Lingende a présenté son rapport le 31 mai 1845, et on vient nous dire cela ici, le 30 décembre suivant, exactement sept mois après. C'était le 4 juillet que nous aurions dû l'apprendre si ce document avait fait comme tout ce qui veut venir de Cayenne en Europe sans perdre de temps, c'est-à-dire s'était fait transporter à Demerary en trois jours, et de là à Southampton en un mois.

Et d'ailleurs que signifie ce rapport d'une commission appuyé de l'adhésion de huit planteurs, fort peu connus assurément de ce côté-ci de l'Atlantique? Puisqu'il a fallu sept mois de réflexion avant de se décider à faire cette publication, n'aurait-on pas dû la faire complète, c'est-à-dire y joindre la décision du conseil colonial sur les conclusions de sa commission?

Au fond il est étrange de voir les colons demander au conseil colonial de prier le gouvernement de présenter à l'adoption de ces mêmes colons un projet ou un autre. On ne fait pas tant de détours quand on se propose une fin raisonnable. Il semble que les colons n'osent pas toucher au projet de M. Lechevalier avant que le gouvernement les en prie, et, par là, non-seulement prenne pour son compte les singularités de ce projet, mais encore s'engage d'avance indirectement à seconder la demande aux chambres de la garantie de 4 0/0 de minimum de revenu.

Il est vrai que la commission met en dehors pour le moment le fameux règlement de travail; mais elle réserve les bases essentielles du projet, et comme dans ce projet tout s'enchaîne, on devra nécessairement en revenir à ce règlement auquel le représentant des colons en France a formellement adhéré.

Tout bien considéré, la publication du 30 décembre n'a été faite vraisemblablement que pour essayer de donner un faux relief à un projet déjà justement déconsidéré, et il n'en est devenu que plus urgent de chercher à éclairer l'opinion à ce sujet.

TABLE.